カードゲームで
たのしい授業

淀井　泉 著

やまねこブックレット 教育⑤

仮説社

はじめに

淀井 泉

私は小学校で22年ほどクラス担任をした後、突然、「ことばの教室」（通級指導教室）の担当を言い渡されました。それまで、仮説実験授業などの「たのしい授業」を行なうことで子どもたちから歓迎されていたのですが、指導内容・時間共に制限され、個別指導が中心である「ことばの教室」では、そういった「たのしい授業」を、これまで通り実施することができなくなりました。そんな中で子どもたちとつきあっていかなければならなくなったのです。

そこで、自分なりに試行錯誤の末に開発したのが、この本で紹介する「カードゲーム」です。幸いそれらの「カードゲーム」は短期間のうちに多くの子どもたちや先生方から歓迎され、うれしい反響もたくさんいただきました。それで、それらの「カードゲーム」のやり方を1冊にまとめておく必要性を感じはじめ、私家版で冊子を作ったところ、それもたくさんの方の手にとっていただくことができたのです。

しかし、私家版の冊子では、学校での「カードゲーム」の有効性に関心をお持ちの多くの方々の需要に応えることができません。そこで今回、仮説社から出版していただくことにしました。これでより多くの方に「カードゲーム」のたのしさを知ってもらえるようになったと喜んでいます。

ぜひ、本書で紹介した「カードゲーム」を学校（や家庭）で試していただき、子どもたちと知識を得ることの楽しさを共有していただければ幸いです。

なお、私の開発した「カードゲーム」は、仮説実験授業の考え方に大きな影響を受けています。仮説実験授業については、紙幅の関係で詳しい解説は載せることができませんでした。その替わりに、私と仮説実験授業との出会いについての文章を最後に収録してありますので、ぜひご検討ください。仮説実験授業そのものについては板倉聖宣《きよのぶ》氏のたくさんの著作があります。私の文章で興味をもたれた方は、板倉氏の著作（たとえば、『未来の科学教育』『仮説実験授業のＡＢＣ』いずれも仮説社）をお読みになることをおすすめします。

カードゲームでたのしい授業

淀井　泉 著

はじめに……2
○○めくり……4
●「さわっちゃだめ!?」から発展した新ゲーム
足算……13
●足の数を足し算してみよう！
かるた de ビンゴ……19
●カルタとマッキーノを合体した新ゲーム
カルタを革新するゲームの出現……26
●「配膳式かるた」というゲーム
カードとカードゲーム……38
●その可能性を考える
校長室からの呼び出しが消えた日……51
●仮説実験授業とめぐりあったころ
あとがき……72

○○めくり

●「さわっちゃだめ!?」から発展した新ゲーム

●いいことづくめのゲーム「さわっちゃだめ!?」

「さわっちゃだめ!?」というカードゲームがあります。64枚のカードを使って，子どもたちが日常生活の中で〈さわっていいもの〉や〈危険なのでさわってはいけないもの〉を楽しく覚えることができるゲームです。ルールが非常に簡単な上，とてもおもしろく，何度もやっているうちに一定の〈学習効果〉が期待できるという，いいことづくめと思えるカードゲームです。これから紹介しようと思っている「○○めくり」というゲームは，実はこの「さわっちゃだめ!?」を元にしています。そこで，はじめに「さわっちゃだめ!?」の紹介をしておくことにします。

「さわっちゃだめ!?」は元々はドイツで生まれたゲームだそうです。私はこれを，京都の宇治市で「キッズいわき　ぱふ」というおもちゃ屋さんを営んでおられる岩城敏之さんから教えていただきました。

＊この商品はすでに廃番で，現在，岩城さんのお店でしか購入できません。価格は三一五〇円。www.kidspuff.com/

このゲームに惚れ込んだ私は、学校でも子どもたちと一緒に楽しんでいます。
「さわっちゃだめ⁉︎」は、表に絵が描かれた64枚のカード（裏は無地）を使った、一見神経衰弱風のゲームです。２～７人ぐらいで遊ぶと良いでしょう。カードの内訳は、
〈安全カード〉……子どもたちがさわってもいい玩具や日用品が描かれたカード（48枚）
〈危険カード〉……「たばこ」「火」「薬品」「コンセント」等々、子どもがさわったら危ないものが描かれたカード（8枚）
〈お友だちカード〉……子どもたちのニッコリ笑った顔が描かれているカード（8枚）で、計64枚です。次に遊び方を説明します。

「さわっちゃだめ⁉︎」の遊び方
①まず全てのカードを裏返しにして広げます。
②順番を決めて、一人ずつ場に出ているカードをめくります。
③めくったカードが〈安全カード〉だったら、続けてもう1枚めくれます。〈安全カード〉が出続ける限り、何枚でも続けてめくることができます。
④〈危険カード〉が出たら、〈危険カード〉だけ表向きのまま残し、〈安全カード〉はすべて裏返しにします（何ももらえません）。
⑤〈お友だちカード〉が出たら、その〈お友だちカード〉と、それまでにめくった〈安全カード〉が全てもらえます。

⑥これを続けて8枚の〈危険カード〉が全て出たら（まだ裏返しになっているカードが残っていても）ゲーム終了。たくさんカードを集めた人の勝ちです。

とてもシンプルなルールですが，子どもたちに〈さわってはいけないもの〉を楽しく自然に教えることができるのです。うまく考えられているなあ，と思います。

●「さわっちゃだめ⁉」を元にして

そうやって，「さわっちゃだめ⁉」で子どもたちと楽しく遊んでいた時のことです。ふとひらめきました。

「このゲームは，教える内容（カードに描かれる内容）を変えることによって，いくらでも応用・発展が利きそうだ」と。

たまたま私の手元に，『世界の国旗かるた』（学研）がありました。このかるたの国旗の数は偶然にも48枚。そこで，48種類の旗を〈安全カード〉にして，「さわっちゃだめ⁉　国旗編」を作ってみることにしました。

〈お友だちカード〉と〈危険カード〉をどうしようかな？と，しばらく迷いましたが，お友だちカードは「国連の旗」，危険カードは「海賊の旗」（よく物語や漫画などに出てくるドクロのマークのついたあの旗です）にすることにしました。

これで，「さわっちゃだめ⁉」をしながら，世界の国旗や国連の旗になじめるというわけです。国旗編ができたのをきっかけに，どんどんとアイデアが湧いてきました。「授業書（仮説実験授業で使うノート・教案・テキストを兼ねるもの〉もゲームの題材にできるかもしれない」と思った私は、試しに授業書《もしも原子がみえたなら》を題材にカードを作ってみました。

危険カードは当然「一酸化炭素」「二酸化窒素」「二酸化硫黄」「硫化水素」など、有毒ガスです。この４種類を各２枚ずつ計８枚。これで〈危険カード〉の完成です。

次に安全カードですが、これは「窒素」「酸素」「水」「二酸化炭素」にしました。これら４種類を、計48枚(実際の大気の比率に近くしたので、かなり窒素分子が多くなりました)。これで〈安全カード〉も完成です。

最後に〈お友だちカード〉ですが、これは「アルゴン」「ネオン」「ヘリウム」がいいのではないかと思いました。そして、これらの原子は、〈お友だちカード〉と呼ぶのではなく、〈原子単体で存在する貴重なもの〉という意味で〈お宝カード〉と呼ぶことにしました。３種類・計８枚の〈お宝カード〉の完成です。

こうして「さわっちゃだめ!?　もしも原子がみえたなら編」が完成しました。

勢いづいた私は、次に授業書《宇宙への道》を題材に作ってみました。〈安全カードに相当するものを何にするか〉で、しばらく考えましたが、まもなく「太陽系の惑星」が良いのではないかという結論に達しました。水・金・地・火・木・土・天・海と、冥王星が抜けてくれたおかげ(?)で、計８種類。各６枚作るとちょうど48枚になります。これで安全カードならぬ〈惑星カード〉の完成です。

そうすると、お友だちカードに相当するものは、それらの惑星の中心である「太陽」がふさわしいのではないかと思い、太陽が描かれたカードを8枚作りました。最後に、危険カードです。宇宙で危険なイメージと言えば、なんとなく「ブラックホール」が想起されます。そこで、ブラックホールのカードを8枚作り、これで計64枚。「さわっちゃだめ⁉　宇宙への道編」（別名「惑星探検」編）の完成です。

この一連の作業は、私にとって、とてもたのしいものでした。なかなかいいものができたという感触もあったので、尼崎のフェスティバルで、西岡明信さん（大阪・支援学校）にお話したところ、西岡さんもとても気に入ってくださいました。

そして、「《足はなんぼん？》もできそうですね。昆虫を安全カードにして昆虫採集編というのを作ったらどうですか？」というアイデアもいただきました。

こうして、「足はなんぼん？編」（別名「昆虫採集」）もでき、さらに、「日本の都道府県編」「せぼねのあるどうぶつ編」「あいさつ編」「おかね編」等々が次々に完成していきました。

●新カードゲーム「○○めくり」

「さわっちゃだめ⁉」というネーミングは、元々のゲームには合っていても、そこから発展した「国旗編」「もし原編」などにはあまり合っていません。そこで、私が参加している「たのしい障害児教育メーリングリスト」で新しいゲーム名のアイデアを募ったところ、たくさんの方々からご意見をいただきました。中でも西岡さんが出した「○○《まるまる》めくり」というゲーム名は、「○○」の中にそのゲームに相応しい言葉をいれることで、「モルめくり」「宇宙めくり」等、いくらでも応用が効くので良いのではないかと思いました。そこで、以後「さわっちゃだめ!? ○○編」のことを「○○めくり」と呼ぶようにしたいと思います。

また、西岡さんは自分の娘さんといっしょにゲームをして、娘さんの様子を観察し、誰でも楽しめるように、ルールのバリエーションを増やしてくださいました。

こうして、元々のルール（冒頭で紹介したルール）以外にもいろいろなルールができあがり、子どもたちの実態によってルールを使い分けたり、いろんなルールを楽しんだりできるようになりました。いくつかのルールをご紹介したいと思います。

〈坊主めくりルール〉

「坊主めくり」のように積み重ねたカードを順番にめくっていくルールです。

①すべてのカードをよくシャッフルし場に積み重ねます（山札）。
②自分の番がきたら、山札からカードを1枚めくります。
③安全カードだったら、そのカードはもらえます。
④危険カードだったら、めくった危険カードだけではなく、自分の持っているカードもすべて場に出さなければなりません。
⑤お友だちカードだったら、そのお友だちカードと、場に出ているカードがすべてもらえます（場になにもカードが出ていない場合は、お友だちカードしかもらえません）。
⑥場のカードが全部なくなったらゲーム終了。たくさんカードを集めた人の勝ちです。

〈シンプル・ルール〉

最近勝ち負けにこだわるようになった西岡さんの娘さんが，負けそうになる（差が広がりすぎる）と，「おもしろくない」と言うようになったそうです。そこで，西岡さんが，できるだけ枚数差が少なくなるように考えたルール，それがこの〈シンプル・ルール〉です（大差がつきにくいが，一発逆転もない）。

このルールでも勝ち負けは当然生じますが，少なくとも途中で嫌になるくらいの差がつかないというところがミソです。

①すべてのカードを裏返しに広げます。
②自分の番がきたら，好きなカードを1枚めくります。
③〈安全カード〉だったらもらえますが，それで自分の番はおしまいです。
④〈危険カード〉だったら，カードはもらえず，自分の番もおしまいです。
⑤〈お友だちカード〉だったら，もう1枚ひけます。
⑥場のカードが全部なくなったらゲーム終了。たくさんカードを集めた人の勝ちです。

●まだまだ面白くなりそうです

何度か学校で遊んでみましたが，とても好評でした。他の人にも試してもらい，以下のような感想をいただきました。

中３の修学旅行を前に、行き先はもちろん他の都道府県名も覚えてほしいなあと考えていたときに出会ったのがこのゲームでした。坊主めくりのルールを採用したので誰でも簡単にできるし、展開もスピーディー、みんな最後まで集中していました。

楽しかったのか、次の授業時からは、始まる前から自分たちでゲームができる配置で着席していました。私のほうも、めくった都道府県名を音読させたり、取った都道府県カードを地方毎に並べるシートを用意するなど、少しずつアレンジして楽しく授業展開できました。今後も、国旗版などにチャレンジしようと思っています。

また、「○○めくり」はゲームそれ自体の面白さとは別に、ゲームが終わった後に、自分のゲットしたカードをいろいろと分類していく楽しさがあります。

たとえば「背骨のある動物たち編」であれば、ほ乳類を一番たくさん集めた子を「ほ乳類チャンピオン」、は虫類をたくさん集めた子を「は虫類チャンピオン」などというようにすると、多くの子に賞がもらえるチャンスがめぐってきますし、いろいろな動物の分類を楽しみながら行うことができます。

このようなことは、子どもにとっては、カードを分類しながらものごとを一定のカテゴリ別に分けていくという知的でおもしろい作業になるのではないかと思っています。

ただし、これも一種のドリルですから、「ゲームにしない方がよい内容」もあるはずです。今後はそういった内容の検討も必要になってくると思います。みなさんも「○○めくり」で楽しみながら、研究に参加してください。

カードを希望される方は、直接淀井までお問い合わせ下さい。現在26種類（世界の国旗、もしも原子がみえたなら、宇宙への道、足はなんぼん、都道府県、せぼねのある動物たち、あいさつ、おかね、ひらがな、カタカナ、ローマ字、拗音など）のシリーズを作っています。1組500円（送料込）でお送りします。

E-mail：yimuzi57@gmail.com

足算

●足の数を足し算してみよう！

●「足算」ってなに？

すでに紹介したように「○○めくり」というカードゲームを愛用しているのですが、また、新しいカードゲームを考えました。「足し算」ならぬ「足算」というゲームです。「足算」と書いて「あしざん」と読みます。

このゲームは、「○○めくり《足はなんぼん？》編」を作っているときに思いつきました。「○○めくり《足はなんぼん？》編」は、さまざまな数の足を持った生き物のカードをめくっていくゲームですが、「めくったカードに書かれた生き物の足の数を足し算したら面白いのではないか」と思ったのです。めくったカードの足の数がぴったり10になれば、それまでにめくったカードが全てもらえる、10をオーバーしたらアウト（カードは元に戻す。１枚ももらえない）という風にするのです。

すでに、これによく似たゲームがあるかも知れません。数字の書かれたカードをめくっていき、足し算をして10になればカードをゲットできるというルールなら、誰でも思い付きそうだからです。

しかし、次のような理由から、このゲームは今までにないたのしいゲームになるかもしれないと思いました。

その理由とは……

①動物の足の数を足し算していくゲームは、今までに見たことがなかった。
②動物の写真（イラスト）が見られるので、カードをめくるのが楽しい。
③授業書《足はなんぼん？》の内容が、最大限に生かせる。
④足の数によって動物が分類できるおもしろさと知識が身に付く。
⑤足し算や10の補数の学習に役立つ。

実際に「ことばの教室」でやってみると、子どもたちは、「先生、今日も〈足のゲーム〉して！」「またやりたい」「おもしろ〜」と言ってくれ、思った以上に好評で気をよくしました。

●やみつきになるおもしろさ

「ことばの教室」（通級指導教室）は基本的に個別指導です。だから私は「足算」を子どもと2人だけですることが多かったのですが、時々、指導を見てくださっているお母さんにもこのゲームに参加してもらうことがあり、3人でするとさらに楽しくなりました。お母さんの中には「このゲームどこに売っていますか？　家でもやりたいのですが」と聞いてこられる方もおられました。

3〜4人で行う「グループ学習」の時間に、他の先生も交えて5〜6人ですると、かなり盛り上がります。

「ことばの教室」には、ほとんど勉強らしい勉強をしないで、いつも野球ばかりしたがる5年生のアキラ君がいます。私は試しに彼に「〈足算〉をやってみないか？」と誘ってみました。案の定、アキラ君、最初は拒否モードの「ええ〜」です。でも、私は、「これだけやってくれたら野球するから」と言って、ルールを簡単に説明してやってみました。

アキラ君は簡単な足し算ならできますが、1回1回カードをめくるたびに、一緒に足し算をして「これで6になったね。あと4が出ればゲットだよ」と言いながらやりました。また、最初は私はわざと負けるようにしました。彼は勝ち負けにすごくこだわり、負けるとやる気を無くすことが多いからです。

1回戦で勝ったことに気を良くしたアキラ君、今度は自分から「もう1回やろう」と言いました。2回戦は、私は手加減しませんでしたが、なぜかアキラ君はカード運が良く、カードを次々とゲットしていきました。私も真剣になり、結局僅差で私が勝ちました。

2回の「足算」が終わった後、アキラ君は、「これ、わりとおもしろいな」と言ってくれました。その後、すぐに彼は野球を始めてしまいましたが、以来「足算」は、野球と並んで彼の定番メニューのひとつになりました。

「ことばの教室」では、他の先生にも「足算」を使っていただきましたが、子どもや先生たちは「毎日でもやりたい」「やみつきになるおもしろさ」と言ってくれました。

●「足算」の遊び方

・カードの種類

カードの種類は「魚類」（0本足）、「鳥類」（2本足）、「ほ乳類」「は虫類」「両生類」（4本足）、「昆虫」（6本足）、「クモ類」（8本足）、「甲殻類」（10本足）、「多足類」（ムカデやゲジゲジなど、足がたくさん）という風に分けました。

もちろん、は虫類やほ乳類でもヘビやイルカ、クジラなどのように足のない生き物もいます。8本足の生き物にはタコもいますし、人間だって2本足です。

でも、そういうものはあえて入れないで、分類は〈すっきりわかりやすく〉を基本にしました。

・遊び方（人数は2～8人）

①カードをよく混ぜて、全部裏返しにして場に散らします。

②順番にカードをめくっていきます。めくったカードに書かれた足の数を足し算し、10になるまで何枚でもめくり続けることができます。ちょうど10になったら、それまでにめくったカードを全部もらうことができ、さらにつづけてめくることができます。

③めくったカードの足の数が10を越えてしまったら、自分の番は終わり。それまでにめくったカードは全部裏向きにします（もらえません）。「多足類」カードをめくったらその場でアウト！　多足類カード以外のカードを全て裏返し、多足類カードは表を向けたまま横の方に置いておきます。

例：カードの足の数が……
「0＋4＋6＝10」↓ゲット！
「10（甲殻類）」↓即ゲット！
「2＋4＋10＝16」↓アウト！
「42（多足類）」↓即アウト！
④場のカードがとれなくなるまでゲームを続け、たくさんカードをとった人（またはカードの合計点数＝足の数の多い人）の勝ちです。

●「足算」をよりシンプルに……「数の大小」ルール

「足算」のルールはとてもシンプルですが、どうしてもある程度は計算ができる必要があります。ですから、計算が全くできない子や、ごく小さい子には楽しむことができませんでした。そこで、「足算」を発表してからしばらくして、より遊びやすいように「数の大小」というルールを考えました。このルールは計算の必要がありません。「数の大小」さえわかれば、誰でも楽しむことができます。

遊び方は簡単、裏向きになった場のカードを1人1枚ずつ順番にめくっていき、一巡して一番めくったカードの足の数が大きかった人が全員のカードをゲットできる……という、ただそれだけのルールです。

数が同じだった場合は、同じ数の人同士で〈決戦〉（もう1枚カードをめくり、数の多い方が勝ち）

をします。これを繰り返して、最終的に一番たくさんカードをゲットした人の勝ちです。

ある教材研究の会に参加した時に、20人ぐらいの先生に体験してもらいましたが、「頭を使わなくてもいいから楽」「ルールがシンプルでいい」と、なかなか好評でした。仕事で疲れて参加されている先生たちには、頭を使わなくてもよい「数の大小編」のルールがちょうどよかったのかも知れませんが……。

もともと私は、このゲームで「子どもたちに〈10の補数〉の計算ができるようにさせたい」とそこまで強く思っていたわけではありません。それよりも、子どもたちにシンプルに楽しんでもらって、「動物の足の数っていろいろあって面白いなあ」「この動物とあの動物の足の数は同じなんだ」「あ、これ《足はなんぼん?》で出てきた」「ぎゃ〜! ムカデをひいちゃった」という風に、いろんな反応が出てきたら面白いなあ、と思ったのです。

単純だけどとても楽しい「足算」。ぜひ皆さんもやってみませんか?

＊本書とほぼ同時に「足算（カード）」が仮説社から発売になりました。ステキな動物のイラスト入り「足算」用のカードです(50枚入り。説明書付き)。ぜひ手に取ってみてください。税別1000円です。

かるた de ビンゴ

●カルタとマッキーノを合体した新ゲーム

●きっかけは

市販のカルタを使って、手軽に楽しく〈ビンゴゲーム〉をする方法を思いつきました。

きっかけは、私が「ことばの教室」(通級指導教室)で使っていた『世界の国旗かるた』(学研)でした。子どもは国旗が大好き。カルタで遊んでいるうちに自然に国旗が覚えられます。しかも楽しくて、「これはなかなかスグレもの」と思っていました。

国旗を知っていると、世界の国の名前が覚えられます。社会科の授業やテレビのニュースなどで、なじみの国名が出てきたときに、「お！　この国は知ってるぞ」というのと、国名がスルーしていくのとでは大違い。〈たかが国旗、されど国旗〉です。

●少人数でも楽しい、少人数だから楽しい

ところが、「ことばの教室」には、カルタをしてくれない2年生の男の子（S君）がいました。

S君は、元々字を覚えるのが遅く、カルタのようなゲームをするといつも負けてばっかり。いつの間にか、カルタが嫌いになったようなのです。

でも、カルタのルールでなくてもいいから、何とかS君と『国旗かるた』を使って、楽しく遊びたいと思いました。

その時ひらめいたのが、牧野英一さんが考案された「マッキーノ」（ビンゴゲームの形式を利用したドリル。『たのしくドリル・マッキーノ』仮説社、参照）でした。「国旗のカルタで〈国旗マッキーノ〉ができないかな？」と思ったのです。私はマッキーノの大ファンで、担任をしていたときは、毎日必ずマッキーノをしていました。

「でも、たとえ9マスのマッキーノをしたとしても、国旗を9つもマス目に描かなければならないなあ。とんでもなく時間がかかりそうだなあ……」「国旗じゃなくて国名を書かせようか？それでも、難しい国名もあるし、S君には抵抗のあるカタカナだし、手間取りそうだなあ……」「それに、ことばの教室はごく少人数で指導をするので（1人〜4人）、マッキーノをしてもいまいち盛り上がりに欠けるしなあ……」等々、いろいろと思案してあきらめかけたとき、ふと、〈国旗かるたをそのままマッキーノのマス目に置いたらいいのでは？〉と思いついたのです。

そこで、実際に置いてみました。9マスのビンゴ用紙をB4に拡大すると、1マスにちょうど国旗かるたが1つ入る大きさになりました。国旗かるたを置くだけですから、〈書く（描く）手間〉が省けます。

短時間勝負の「ことばの教室」では、これはいいと思いました。

新ゲーム誕生

そして、その後は、ルールがどんどんと浮かんできました。

これが「マッキーノ」から発想して浮かんだ新ゲーム、題して「かるたdeビンゴ」の誕生でした。

詳しい遊び方は、次に述べますが、特徴は、〈少人数向きのゲーム〉であるということです。

2人でもできますが、通常は3~5人で遊びます。

2つ目の特徴は、〈9マス（または16マス）のビンゴ用紙〉さえあれば、どんな「かるた」でもこのゲームが出来るというお手軽さです。

3つ目は、マッキーノと同じく、このゲームを通して、子どもたちにいろいろなことを覚えさせることができそうだという点です。「ことわざかるた」や「漢字部首かるた」などでこのゲームをすると、ことわざや漢字の部首等々が楽しみながら覚えられるかもしれません。

さて、それでは「かるたdeビンゴ」のルールの説明です。

「かるたdeビンゴ」の遊び方（9マスで行なう場合）

準備物

①「かるた」
読み札・取り札が各45枚以上ある「かるた」なら5人まで遊べます。かるたが2セット、3セッ

トとあれば、10人、15人と、さらに大勢でも遊ぶことができます。

＊市販の「かるた」ではなく、手作りでいろいろな「かるた」を作られてもいいと思います。

②「かるたdeビンゴ用紙」

いわゆる「ビンゴ用紙」です。マスを縦・横に3つずつ区切って、3×3の9マス用紙を作ります。この上にかるたを9枚置いていきますから、ビンゴ用紙は結構な大きさが必要です。普通の大きさのかるたであれば、B4用紙に9マスを作ったら、たいてい1マスに1枚のかるたが入るでしょう。

なお私は、ビンゴ用紙のマス目の一つ一つに、「かるたdeビンゴ」などというロゴをプリンターで印刷しています。ロゴはなくてもいいのですが、当たった取り札をビンゴ用紙から取り除いたときに、無地では少し拍子抜けしてしまいます。一方、ロゴが出てくると、いかにも「当たった」という感じがしますし、しかも分かりやすいです。ロゴを印刷するのが面倒なら、マジック等でマス目一つ一つに何か印をつけてもいいと思います。

●ルール

5人で行なう場合、全て異なる「取り札」と「読み札」のセットを45組準備します（9組×5人分）。

／4人で行なう場合は36組（9組×4人分）。／3人で行なう場合は27組（9組×3人分）。／2人で行なう場合は18組（9組×2人分）。＊あまった札は使いません。

①「かるたdeビンゴ用紙」を一人に1枚ずつ配ります。ビンゴ用紙は各自の手元に置きます。

②「取り札」をよくまぜて、一人に1枚ずつ配ります（または一人一人が自分の好きな取り札を9枚選んでもよい）。

配られた9枚の「取り札」は、ビンゴ用紙一マスに（各自が好きな位置に）1枚ずつ、表向き（絵が見える向き）に置いていきます。

③全員が取り札を並べ終えたら、ゲーム開始。「読み札」をよくシャッフルし、教師がその中から1枚ずつめくり、札に書かれている文字を読んでいきます。

＊教師でなくても、ゲームの参加者が順番に読み札をめくり、読んでいってもよい。

④読まれた札があった人は、普通のかるたのルールと同様に「はい！」と言って、自分のビンゴ用紙から札を取り除きます。そうするとビンゴ用紙にロゴがあらわれます。

＊自分のビンゴ用紙にある9枚の札以外を取ることはできません。

⑤このようにして、札を1枚ずつ取り除いていきます。そうすると、最後には全部の札が無くなります。全部無くなったら「パーフェクト賞」です。全員が「パーフェクト賞」になれば、ゲーム終了です。

以上の①~⑤が基本ルールです。

次のように、いろいろな賞を作ると楽しくなります。実態に応じて、いろいろ工夫してみるのもいいでしょう。

●賞を用意する

☆「たてトップ賞」「よこトップ賞」「ななめトップ賞」

これらの賞は、それぞれ「たて」「よこ」「ななめ」の列が一番最初にそろった人がもらえる賞です。「ななめトップ賞」は、〈右ななめ〉と〈左ななめ〉の2つを作ってもいいでしょう。

☆「トップパーフェクト賞」「ラストパーフェクト賞」

一番最初にパーフェクトになった人（全部札がなくなった人）がもらえる賞、それが「トップパーフェクト賞」です。これがあることで、誰の札が一番最初に無くなるか、ハラハラドキドキします。

逆に一番最後にパーフェクトになった人がもらえる賞が「ラストパーフェクト賞」です。この賞があるおかげで、誰もが最後までたのしめることでしょう。

◎16マスもできます

「かるたdeビンゴ用紙」を4×4の16マスでおこなうこともできます。その場合は、B4用紙でなく、A3用紙に16マスを作れば、たいていのかるたを並べられる大きさになります。札が80枚以上あれば、16マスで行っても5人まで遊べます。

◎なくてもできますが、あるとうれしい賞カード

たてトップ賞・よこトップ賞・ななめトップ賞や、トップパーフェクト賞・ラストパーフェクト賞などの「賞カード」を作って、賞を取った人に渡すと盛り上がりそうです。

「たて」「よこ」「ななめ」のトップカード賞は、ビンゴ用紙の列の上に乗せられるような細長いカードにするとわかりやすいです。

いろいろと追試をしていただき、少しでも楽しい方法をみなさんで考えて、教えていただけるとうれしいです。

カルタを革新するゲームの出現

●「配膳式かるた」というゲーム

●出会い

「配膳式かるた」というカルタ遊びの方法があります。池上隆治さん（愛知・特別支援学校）が提唱した考え方・遊び方です（カルタは、「いろはかるた」その他、種類を選びません。具体的な方法は後述）。

私が「配膳式かるた」に出会ったのは二〇〇七年のこと。「ことばの教室」（通級指導教室）で悪戦苦闘をしている頃でした。池上さんも参加されている「たのしい障害児教育研究会」に参加するようになってはいましたが、当時は池上さんのことや、池上さんが作られた教材の数々もほとんど知りませんでした。

最初、「配膳式かるた」を知ったとき、「僕が考案した〈かるたdeビンゴ〉に似ているなあ」と思いました。「〈かるたdeビンゴ〉よりもルールは少ないし、お手軽な感じだから、これもやってみようかな」といった程度の認識しかありませんでした。

もっと言えば、私は「配膳式かるた」にちょっと〈ものたりなさ〉さえ感じていました。それは、〈読まれた札を取ること〉がメインのこのゲームでは、「勝った」「負けた」のハラハラドキドキ感が少し足りないような気がしたからです。

しかし、そんな私の〈評価〉は、池上さんの次の文章を読んで一変します。池上さんは「配膳式かるた」を紹介する文章の中で、次のように書かれていました。

カルタ取りの楽しさは、どんなところにあるのでしょうか。取ったカルタの枚数を競い合うことでしょうか。また、人より素早くカルタを取り合うことでしょうか。要するに競争することでしょうか。

私の学級の子どもたちを見ていると、それだけではないぞと思うのです。

競争することだけでなく、カルタを取れること自体も楽しいのです。ごちゃごちゃにばらまかれている中から、めざすカルタを見つけ出すことが楽しいのです。

競争する楽しさというものは、カルタ取りの中心的な楽しさではなく、むしろ、カルタを取る楽しさの上にのっかっている楽しさのような気がします。カルタを取る楽しさがなかったら、競争しあう楽しさ自体がなりたたないのではないかとも思うのです。（略）

競争することが楽しいと思われているゲームでも、その競争を支えている別の楽しさがきっとあるはずです。それを見つければ、能力差を越えてみんなが楽しめるゲームに改造することができるでしょう。様々な競争的ゲームをこの子たち用に作り替える視点といったものが

そこにあるような気がします。（池上隆治「指定席方式によるカルタ取り」一九八九）

私はこの文章に衝撃を受けました。なるほど、そうだったのかと。こんなにも本質的なことを20年以上も前に考えておられたということにもびっくりしました。

「読まれた札を見つけて取ることが本質的な楽しさだ」というのは、私にとっては〈目からウロコ〉でした。よく考えると、それは当たり前のことなのかもしれません。でも、「カルタ」が持つ〈競争的要素〉〈ゲーム的要素〉の前に、私は、そんな〈当たり前のこと〉にずっと気がついていなかったようなのです。

池上さんのこの文章は、その後、私がカードゲームを作ったり考えたりする上で、とても大きな影響を与えてくれました。

私の開発した「かるたdeビンゴ」と、池上さんの「配膳式かるた」は、形の上では似ていますが、それは結果的に似ただけであって、私には、池上さんのような本質的な考え方はありませんでした。当時の私には池上さんの〈ゲーム哲学〉とも言えそうな深い背景はなかったのです。

しかし、「かるたdeビンゴ」が、そういう背景を元にして考えられたものではないにしろ、結果的に「配膳式かるた」と似ていたことに対して私は喜びを感じました。「楽しいものは今すぐにはわからなくても何かそこに本質的なものが含まれている」という板倉聖宣先生（仮説実験授業提唱者）のことばを思い出したからです。自分がおもしろいと感じて作った教材「かるたdeビンゴ」にも本質的なものがあったんだということが、池上さんのおかげでわかったのです。

●「配膳式かるた」の良さ

「配膳式かるた」の遊び方を紹介します（『たのしい授業』二〇一二年十一月号でも紹介）。

①参加者に取り札を〈配膳〉する。たとえば45枚の取り札があって5人でゲームをするなら、1人9枚ずつ配る（9枚×5人＝45枚）。かるたの札は好みのものでよい。

②配られた9枚を、各自、自分の前に並べる。プレイヤーは、自分に配膳された9枚の札しか取れない。つまり、他人に配膳された札は取れない。

③通常のカルタと同じように、先生が読み札を読む。自分のところにあれば「ハイ」と言ってその札を取る。目の前の札が全部なくなったらおしまい。

基本的にはこれだけです。

必要に応じて、次のような賞を作ることも出来ます。

「トップ賞」……自分の札が一番早くなくなった人がもらえる。

「ラスト賞」……自分の札が一番遅くなくなった人がもらえる。

ただし、池上さんが発表された当初のルールには、上記の賞については触れられていませんでした。

「配膳式かるた」は一度でもやってみると、すぐにその効果は感じられます。普通のカルタをすると、しばしば負けて嫌な思いをする子が出てきます。時には「もうカルタなんかやらない！」と言って泣き出す子もいます。

ところが「配膳式かるた」では、そういうことはめったに起こりません。どの子も笑顔で楽しそうです。子どもたちの生き生きした顔を見ているだけでこちらもうれしくなります。

では、普通のカルタと「配膳式かるた」の違いはどこにあるのでしょう。その違いを３つほど考えてみました。

1．勝負は運

違いのひとつは、「配膳式かるた」は「勝負は運で決まる」というところではないでしょうか。通常のカルタのルールでは、強い人がいつも勝ってしまい、弱い人はなかなか勝てません。つまりカルタは「実力」がものを言う〈競争の世界〉なのです。

こういった世界をそのまま教室に持ち込むと、先にあげたように、いろんな問題が起きることがあります。弱い子は「今後も永久に勝てない」と思ってしまって、カルタそのものが嫌になるかもしれません。〈競争〉に勝つ子と負ける子がいつも同じであることで、自然に〈序列〉が出来てしまうかもしれません。

一方、「配膳式かるた」は、勝つも負けるも最初に配られたカード次第。つまり、「運次第」なのです。今日負けたとしても、それは運が悪かっただけ。また次があります。子どもたちにも、それがわかるので、自分の思い通りにいかなくてもパニックにはなりにくいようです。こういうゲームを続けるうちに、徐々に「耐性」というものも育ってくるような気がしています。

2．安心感

2つ目に、〈安心感〉があげられます。「配膳式かるた」では、自分の前に置かれた札は誰にも取られません。ですから、とても安心した気持ちでゲームを楽しむことができます。

「配膳式かるた」をやっていると、自分の前に並べられた札をすぐに覚えてしまう子も出てきます。並べられた札が〈限られた枚数〉であるということ、「これは自分の札だ」という意識、「誰にも取られない」という安心感などから覚えやすいのかもしれません。

3．賞の存在

3つめは、「トップ賞」や「ラスト賞」等の〈賞の存在〉があげられるでしょう。だれが「トップ賞」となるのか、そしてだれが「ラスト賞」をもらうのか、非常にわくわくドキドキしてきます。

とくに「ラスト賞」というものは、なんでも一番がいちばんいいんだという価値観をひっくり返していくおもしろさが感じられます。それに、誰かが「トップ賞」を取ってしまっても、まだ「ラスト賞」の可能性は残りの誰にでもあるのです。最後までハラハラドキドキしながらゲームを楽しむことができ、子どもたちのモチベーションにもつながるような気がします。

——もちろん、通常のカルタのルールを否定しているわけでありません。通常のカルタにもすぐれたところがたくさんあります。読み札を誰が早く見つけ、誰が一番に取るか、ハラハラドキドキの連続です。楽しさの中に、緊張感が生まれてきます。そうした中から集中力が身に付くということも十分にありそうです。

また、勝負は運ではなく、〈実力〉です。自分の〈能力〉が存分に発揮できるわけで、だからこそたのしいとも言えます。繰り返していくうちに自分の成長が感じられ、それが結果として現れていく。どんどん力をつけて、全国各地で行われる「カルタ大会」に参加する人もいます。カルタはそのような奥深さを持った楽しいゲームです。カルタが歴史的なゲームとして、今も昔も多くの人々から支持されている理由にはこういったことがあるのだと思います。

ですから、「配膳式かるた」も通常のカルタも、〈選択肢の一つ〉として考えていくといいと思っています。わたしたちの選択肢の中に、これまでになかった「配膳式かるた」や「かるたdeビンゴ」が加わるということが私にはすばらしいことに思えてくるのです。

●信じられない光景が……！

さて、私が「〈配膳式かるた〉は本当にすごい」と確信にいたった、とある経験を書いておきます。

2年前（二〇一三年）のある日のこと、私は地元の私立幼稚園に巡回相談に行きました。この幼稚園から依頼されて、これまでに私は何度も「教材紹介の会」を行っています。その度に、〈配膳式かるた〉をはじめとした、いろんな教材やゲームを紹介していました。

この園はとても雰囲気の良いところで、園長さんもステキな人でした。しかし、その一方で、子どもたちの実態はなかなか大変で、教育相談の対象になる子どももたくさんいました。

その中でも特に「すさまじい」クラスがありました。年中児（4歳）のクラスです。30名ほどの年中児クラスには「発達障害」と診断されている子、診断されそうな子、何が原因かわからないけど一斉保育の難しい子等々がたくさんいて、すでに10名以上が教育相談にかかっていました。今まで私が見てきた中で最も保育が難しいクラスでしたし、ベテランの相談員さんも「今まで見たことのないクラス」と言っておられました。

そんな年中児クラスで、この日は「配膳式かるた」を実施するということでした。いくら「配膳式かるた」でも、このクラスで通用するかな?と、私は正直不安に思っていました。

ところが、「配膳式かるた」がはじまって、私はびっくりしてしまいました。子どもたちが全員座っているのです。私は教育相談で何度もこのクラスを見ていますが、子どもたち全員がちゃんと座って何かに取り組むということ自体、大変めずらしいことだったのです。

さらに私の驚きは続きました。子どもたちは、先生の説明をちゃんと聞き、指示を守って、スムーズにゲームが進んで行くのです。あの「落ち着かない」クラスの年中児たちが、「配膳式かるた」を先生の指示通りにやっているのです。しかも、とっても楽しそうに!

私は予想をはるかに超える出来事を目の当たりにして、「配膳式かるた」というものがいかにすぐれた方法であるか、再確認した思いでした。

●「配膳式かるた」の本当のすごさ

ところで、担任の先生は30名あまりの大変な年中児クラスでどうやって「配膳式かるた」をさせたのか。参考になるかもしれないので書いておきます。

まず、全体を6つのグループに分けます(各グループ5人くらい)。それから、ひとりひとりの前に、かるたを置くシート（A4）を配ります。シートはグループによって色分けされていました。たとえばAグループは赤色のシート、Bグループは青色のシートというように。6グループですから、6色のシートを各5枚ずつ（子どもの数だけ）作るというわけです。シートにはきれいにラミネートがしてあり、6マスの枠が書いてありました。

さて、シートの準備が整ったら、グループごとに1組のカルタが渡されます。そのカルタをグループの中の配り係さんが一人4枚ずつ配っていき、それを各自、自分のシートの枠の中に置いていくのです。配り係をしていたのは、動きたくて仕方のない子とか、普段活躍できない子などで、この辺の配慮がすごいなあと思いました。

6マスあるのに、なぜカルタを4枚しか配らないのかな?と思いましたが、これは、担任の先生が、ゲームをする上で「このクラスでは4枚が限界」と判断されたからでした。この辺の配慮もまたいいなあと思いました。

全員の前にカルタが置かれたら、先生がみんなの前で大きく拡大印刷したカルタを1枚引きます。それを子どもたちに見せながら「1枚目、○○」と言います。それを見て、どのグループも一斉に「はい！」と取っていくわけです。

私が担任の先生のやり方でなによりもすごいと思ったのは、このゲームが「取るだけで終わり」だったということでした。当然あるものと思っていた「トップ賞」や「ラスト賞」はありませんでした。子どもたちは、それでも（だから?）、カルタを取ることに夢中になって、取れては喜び、取れなくても残念がることなく、楽しんでいました。

まさに、池上さんの言われる「カルタの本当の楽しさは、読まれた札を見つけて取ること」だと実感しました。

後で担任の先生と面談したとき、賞がなかったことを聞いてみました。最初は賞を作っておられたのだそうです。でも、繰り返しているうちに、「子どもたちには賞があってもなくてもあまり関係がないということがわかった」と言われるのです。そして、「賞にこだわっているのは、私だけだったと気付いた」とも。

こんな「いい話」を聞いて、私はますます「配膳式かるた」のすごさを感じてしまうのでした。

●歴史的な大発見!?

さて、ここからは少々風呂敷を広げたいと思います。あくまで私の個人的な思いに過ぎないということを前置きしておきます。それは、私の「配膳式かるた」に対する評価というのは、池上さんのみならず、おそらく他の誰も予想していないくらい高いものかもしれないということです。私は、池上さんの「配膳式かるた」が、「日本の（世界の）カルタ遊びに関するひとつの〈大発見〉ではないかという気がするのです。

カルタの発祥は中国ともインドとも言われ、定かではありません。カルタの語源がポルトガル語の「CARTA」であるように、14世紀にヨーロッパに広まったものが、16世紀に日本に伝えられて、今に至っています。これらの歴史の中で、「配膳式かるた」のような遊び方はなかったのではないかと思うのです。あったとしても、池上さんのように、その意義や意味を明確に言葉に記し、新たなカード遊びとしてそのルール共々作りあげた人はいなかっただろうという気がしてくるのです。

そういう意味では、「配膳式かるた」は、カルタ遊びにおける〈歴史的な発見〉なのではないかと思うのですが、これは私の妄想に過ぎないのでしょうか。

●〈評価者〉のひとりとして

「配膳式かるた」開発者の池上さんは「たのしい障害児教育研究会」のメーリングリストで次のように述べておられました。

「じつは〈配膳式かるた〉は、淀井さんに高く評価されるまでは、私自身その価値を十分認識していなかったのです。他人に言われて改めてその価値が分かるというものが意外に多いのではないかと思うのです」（「メールでサークル」二〇一一年五月十九日）

これを読み、私は少し意外な感じがしました。けれど一方では、ありそうな話だとも思いました。実際、「配膳式かるた」のほかにも、現在、特別支援教育の場で多く支持されている「エラン・デ・ミテ」というゲームが同じような経緯をたどっています。

「エラン・デ・ミテ」（『特別支援教育はたのしい授業で』仮説社、参照）は、池上さんが作られた〈宝探しゲーム〉というものを、山本俊樹さん（奈良・特別支援）が発掘・紹介して、今のような形になったと聞いています。山本さんによると、「宝探しゲーム」はなんと「20年近く眠ったまま」になっていたとのことです。

ですから、評価をする人の存在は大切なんだなあという認識を強くしました。僕は池上さんの評価者のひとりになれたことをうれしく思っています。

池上さんという人の子どもを見る目の確かさや、柔軟かつ深淵な考え方、そこから出てくるアイデアなどというものは、もともと池上さんに備わっている〈才能〉のようにも思えます。

しかし、それだけではないのかもしれません。池上さんは、特別支援学級にずっと関わってこられました。子どもに合わせざるを得ない状況、今までの価値観を変えざるを得ない状況が生まれ、そうしたことを繰り返す中で、新しい視点や新たな発想につながっていくことも多かったのではないかという気がします。

通常学級で20数年間やってきた私が、「たのしい障害児教育研究会」に参加したときも、多くの方から今まで思っても見なかった視点をたくさんいただきました。池上さんをはじめ、特別支援教育に関わっておられる人たちから学ばせてもらうことは、今後もたくさんありそうだと思っています。

カードとカードゲーム

●その可能性を考える

これまでこの冊子で,「〇〇めくり」「足算」「かるたdeビンゴ」「配膳式かるた」といったカードゲームを紹介してきました。ここでは,そのカードゲームにどんな特徴があるのか,またこれらのカードゲームを支えてきた考え方などについて,書いておきたいと思います。

●「カード」という特性

カードゲームについて述べる前に,まず「カード」というものの特性を考えてみたいと思います。授業などで,しばしばカードを使って学習することがあります。たとえば〈フラッシュカード〉や〈掲示用の説明カード〉,〈単語カード〉というものです。そういったカードは,使い方によってはとてもメリットの大きいものです。

では,カードの良さってなんでしょう。いろいろあると思いますが,ひとつには,「情報量が少ない」ということがあげられそうです。基本的には,カード1枚につき1つの情報です（1枚のカードにたくさん情報を盛り込む場合もないわけではありませんが）。

そのため、余分な情報が遮断でき、自分の目的意識をそこだけに向けることができます。

さらに、カードは、バラバラにして順序を自由に変えることができます。これは、本やプリントなどにはない良さだと思っています。このため、カードを使うと、ゲームなどしなくても結構楽しい学習ができるのではないでしょうか。

ひとつ、例をあげてみましょう。これは、「ひらがな」が十分に定着していない子に、私が時々やっていることです。

「ひらがなめくり」のカードを使って、「え」とか「て」とか書かれているカードを1枚ずつ見せて、子どもに読んでもらいます。さらに、「え」を見せて、「えんぴつ！」というように、「え」のつく言葉を言ってもらうこともあります。単純ですが、結構子どもは集中してくれます。そして、一通りその活動が終わったら、「五十音表」を広げて、カードをその上に置いてもらいます。1対1対応です。あまり嫌がる子がいないので、「子どもってこういう作業が結構好きなんだな」って思います。見ている私も楽しいです。

「ひらがなめくり」のカードは、ア行は赤、カ行は青というように色分けがしてあるので、わからないときのヒントになります。全部そろえば、ズラッと色ごとに並べられてきれいです。「カタカナめくり」や「ローマ字めくり」のカードでも同じことができます。もちろん「○○めくり」のカードじゃなくても、このようなことは、カードを使えばできるのです。

フラッシュカードも、「1枚1枚パッパッパッパッと見せていくので、スピード感が心地よい」「1

枚につき1情報だから わかりやすい」「見せる順もカードをシャッフルすれば自由に変えられる。必要に応じて教師が意図する順に並べることもできる」等々、そのメリットはいろいろ思いつきます。

「カードゲーム」というのは、そんなカードの特性を存分に生かし、さらに競争原理を入れることで、より楽しさを追求したものではないかと思っています。

●〈工夫しない〉良さ

ところで、カードを使った学習は、「カードさえあれば自由にいろんなやり方ができる」という利点がありますが、それは逆に言えば、「自分で工夫する必要がある」ということにもなります。先ほどの例で言えば、〈「え」のカードを見せながら「えのつく言葉」を言ってもらう〉とか、〈五十音表に並べてもらう〉などがそうですし、もっと他にもいろいろ考えることができそうです。

一方、「カードゲーム」というのは、〈一定のルール〉があります。決められたカードで、決められたルールにしたがってゲームは進められるので、ほとんど工夫の余地がありません。もちろん工夫をしてもいいけど、へたに工夫してしまうと、逆効果になる場合もあります。ですから、カードゲームというのは、カードそのものではなく、〈ルールに依存している〉と言えそうです。

少し授業に目を転じると、わたしたちは教えたい内容があっても、どうやってそれを教えたらいいのか悩むのが普通です。でも、授業書や授業プランがあれば、その通りにやればたのしい授業を展開することができます。

カードゲームにルールがあり、その通りやれば一定の楽しさや成果が得られるというのは、そのようなことと似ている気がします。

●ゲームと競争

しかし、そうかと言って、どんなルールでもいいわけではありません。ルール次第では、カードゲームが嫌になってしまったり、意欲を無くしてしまったりすることがあるかもしれません。そこで、この本で紹介してきたカードゲームで大切にしていることを2つ述べたいと思います。

まず、ひとつめは、〈楽しい〉ということです。いくら学習に役立つとしても、そのゲームが楽しくなければ、子どもはそのうちやりたがらなくなるのではないかと思います。楽しいからこそ、子どもは何度も何度もくり返してやりたがるし、教師も「これを子どもたちにやってあげたい」と思うのではないでしょうか。〈楽しさ〉というものは、何にも増して大切なことではないかと思います。

二つ目は、そのルールが〈能力によって差がつかない（差がつきにくい）〉ものであるということです。ゲームとはそもそも競争を含むものですが、この本で紹介しているゲームのルールは、他人との競争をあおるようなものにはなっていません。

カードゲームの中には、もちろん、普通のカルタのように、競争によるおもしろさが得られるものもあります。やればやるほどカードが覚えられ、コツをつかみ、どんどん早く取れるようになり、強くなっていく。通常のカルタには、そんなおもしろさがあります。だからこそ「競技用

カルタ」も、古来から現在に至るまでずっと継続・発展してきて、今も多くのファンを獲得して

いるのでしょう。

でも、だからと言って、それをそのまま授業にもちこんでしまうと、いろいろな問題が起きてきそうです。そのひとつが「能力差」という問題です。もともと人間には得意・不得意があるように、カルタにおいても学習においても、運動や芸術、その他様々な領域において、能力差はいかんともしがたいものがあります。

たとえば、カルタを通常のルールでやるなら、取れる子は嬉々としてカードを取る一方で、いつまでたってもカードが取れない子が出てきます。それが現実であるから、そういう「競争」とか「勝ち負け」なんかを教え、味わわせていくことが大切だという考え方もあるでしょう。それをまったく否定するつもりはありません。しかし、教室という所は、しばしばその能力差を嫌というほど味わってしまう場所でもあります。普通に教科書の授業とかテストなんかをしていれば、「競争」や「勝ち負け」などわざわざ教えなくても、子どもたちはそれらの現実について、十分に感じ取ってしまいます。

だからこそ、せめて私が開発したカードゲームでは、できるだけ競争原理を超えた世界で楽しんでほしいと思っているのです。「誰が勝つかわからない」「勝負は時の運」、そして、「勝ち負けよりも大切なことがある」「勝負のおもしろさを超えた楽しさがある」というようなことを味わってほしいのです。

●カードゲームと学習

私のカードゲームは、おかげさまでかなり多くの方に活用していただいています。そして、この私自身が、自分のカードゲームを大いに活用しています。

では、なぜ私を含めて多くの人は、カードゲームをするのでしょうか。それはきっと〈楽しいから〉だと思います。子どもが喜び、クラスに楽しい雰囲気があふれる、そのような時間を少しでも増やしていきたいからこそ、わたしたちはカードゲームをするのでしょう。

それでは、わたしたちは、〈楽しい〉という理由だけでするのでしょうか。単に子どもを楽しませるだけなら、もっと他のことをした方が子どもは喜ぶような気もします。おやつづくりとか、体を使った遊び、授業をやめて自由に遊ばせる等々、そういうものにカードゲームが勝てる気はしません。

ですから、楽しませる以外の第二の目的があるはずです。私は、その目的こそ「学習」であって、私が作ったカードゲームと学習とは切っても切れない関係にあると思っているのです。

そのことに関して、以前、こんなエピソードがありました。

「○○めくり」には安全カードが48枚あります。そこで、「○○めくり」を愛用してくださっていた元同僚の先生が私に、「ＡＫＢ48」のカードを作ってはどうかと提案してくれました。元同僚が言うには、「ＡＫＢ48めくり」のようなものであれば、やる気のない子どもたちでも乗ってくれるだろうと。その先生は、もしかしたら、ほんの軽い気持ちであったかもしれないし、冗談で言われたのかもしれません。でも、私はその時即座に「そんなカードゲームは決して作らない」

と思ったのでした。

ＡＫＢにしろ、Ｊリーグの選手にしろ、ポケモンとか電車の種類とか、そういう、学習とは切り離された〈趣味や娯楽の領域〉に関するものは、私が作るカードゲームの範疇ではないし、今後も決して作らないだろうと思ったのです。

というのも、私が趣味の領域を低く見ているからではありません。そういうものは放っておいても好きな子は勝手に覚えたり、その世界にのめり込んだりするだろうし、そうでない子にとっては、ほとんど必要のないものだろうと思うからです。また、私の中に、趣味とか娯楽の世界についてまで、「教育的」に介入したくないという気持ちもどこかにあるのかもしれません。

そうではなくて、放っておくことができないもの、一教師として、子どもたちにできれば覚えてほしいもの、あるいは覚えておくと今後どこかで役に立ちそうなもの、そのようなものをカードゲームの題材にしたいと思ったのです。そして、それらの多くは、教科書とか授業書に出てくる事柄でした。

わたしたち教師は、子どもたちに覚えてほしいことがいっぱいありますし、子どもも苦労しています。そういうものを題材にして、たのしく遊べたらいいな…、覚えてくれたらもっといいな…、カードゲームを作った背景にはそんな思いがありましたし、そのことで多くの先生たちの役にも立ちそうだと思いました。

●カードゲームの役割

そんな私にとって、板倉聖宣先生が「歴史講座」(一九八六年、名古屋国鉄会館)の中で述べられた次の文章は、とても興味深いです(伊藤善朗編『ことばあそびの意義と限界』私家版、より)。

僕はたのしけりゃいいというふうに言うし、また書きもするんだけれども、僕自身はたのしければいいというところでストップしません。なぜたのしいのかという構造を調べるし、どこでたのしくなるのか、たのしさの源泉はどこにあるのか、というところまで研究します。それがわかれば教育学的論拠が明確になり、さらに発展することができます。ある教育をやるべきか、やらぬべきかと聞かれた時、「それはたのしいの?たのしけりゃやりなさいよ」と言いますけれども、僕自身はそのたのしさの源泉をきちっと押さえます。そうしないと、すぐにたのしいものがいやらしいものに変わる危険性があるからです。

たいがいの遊びには競争の原理が含まれていますね。子どもたちは競争することで遊びに熱中します。ところが、文化とか科学には、競争の原理は含まれていないのです。だから、へたにそれを教え込もうとしても、子どものとっつきが悪いということがあります。そこで、教育界では、それらに無理矢理競争の原理を入れたんです。速く覚えた方が勝ちだとか、まちがえないでできたら勝ちだとか、競争の原理を軸にして叱咤激励している。しかし、本当に教育するべきことがらについて、それを速く覚えるとか、たくさん覚えるとかいうことは必然的じゃないんですよ。

一方、あそびの方では、それは必然的だからね。「勝ち負けなんてどっちでもいいや」なんて言ったらねえ(笑)。「マージャンやりましょ。どっちが勝ったかは勘定しないことにしましょう」とかね。そうしたら、おもしろくないでしょ。将棋だってそうですね。やっぱり勝ち負けが絶対に必要なんだね。

これは、ことばあそびでもいっしょなんです。「だれがうまいことを考えつくかなあ」っていうスリルがあるからたのしいんです。競争してるんですよ。そして、うまいことを考えつく子は、たいてい途中で固定化します。そうしたら、もう絶対いやになる子があらわれます。でも、「あそびなのにハッスルしすぎるやつがいる」なんて言ったところで、ハッスルしなかったらあそびになりませんからねえ。

このようなことは仮説実験授業そのものとは直接かかわりのないことかもしれないけれど、発想的には深いつながりがあります。それは評価論の根源にかかわるのです。

わたしたち教師は、子どもたちに教えたいことや覚えてほしいことがいっぱいあります。そして、板倉先生の言葉を借りるなら、「そういうもの（文化とか科学）には、競争の原理は含まれていない」わけです。授業書や授業プランなどで〈たのしい授業〉ができればいいのですが、そうでないときは、「へたにそれを教え込もうとしても、子どものとっつきが悪いということがあります。そこで、教育界では、それらに無理矢理競争の原理を入れたんです」という言葉につながっていきます。

わたしたちも「あの手この手」で知識の定着をはかるように〈工夫〉しますが、その時、意識するにしろしないにしろ、〈競争原理〉を入れてしまうことがあります。

そして、それは〈ゲーム〉の形を取ることもあります。ゲームとは、そもそも競争そのものですから、そのことで盛り上がるかもしれませんし、ある程度の教育的効果は得られるかもしれません。でも、「うまいことを考えつく子は、たいてい途中で固定化します。そうしたら、もう絶対いやになる子があらわれます」という板倉先生の言葉を考えるとき、〈競争原理を超えた世界で楽しんでほしい〉と思って作った自分のカードゲームは、それなりの役目があるのかもしれません。

●カードゲームの価値

カードゲームと学習に関わって、もう一つ、私がとても大切にしている思いがあります。

それは、カードゲームをするとき、わたしたちは〈「学習」の内容を通して〉子どもたちを楽しませているということです。「あー、たのしかった」「また、やりたい」と子どもが言ったり思ったりするとき、それは〈カードの内容〉と共にあります。「国旗」とか、「都道府県」とか、「宇宙」や「原子」、はては、「足し算」や「文字」、その他もろもろのことを通して〈楽しめる〉ということ、私はここにとても大きな価値を感じています。

ある子どもにとっては、そのようなものは興味の持てないものであったり、スルーしたくなる対象であったり、教科書に載っているような、なんとなく小難しくて印象の悪いものであったりするかもしれません。でも、カードゲームで遊ぶことで、「国旗」と仲良くなったり、「都道府県」に良い印象を持ったり、「あいさつ」に楽しいイメージを抱いたりするようになるかも知れません。そのような対象物を〈通して〉、いや、もっと言うと、そのような対象物の〈おかげ〉で楽しめた！という経験は、とてもステキなことだと思えるのです。

私にとってはそのことが最も大切なことであり、カードゲームで学習内容を覚えるか覚えないかは、当初から主眼ではありませんでした。もしかしたら覚えてくれるかもしれないし、覚えてくれないかもしれない、それはどちらでもいい、少なくとも学習内容を通して楽しむことができたということ、そこに価値を感じているのです。

●カードゲームの可能性

最後に、カードゲームの使い方と、その可能性について触れておきたいと思います。

私のカードゲームは、当然、「学習ゲーム」的に扱うことができますし、そのような使い方をする人もいらっしゃることでしょう。つまり、〈知識を身につける〉ことを第一目的とし、その目的達成のためにゲーム性を活用するというような使い方です。

それは私の本意ではないにしても、あえて否定するわけでもないということを最後に書いておきたいと思います。なぜなら、そのような使い方をしたとしても、子どもが喜んだり、楽しめたりすれば、それでもいいのではないかとも思っているからです。

もちろん、これは〈程度の問題〉であり、当然、使う側の〈意識〉は大切ですが、私が大切にしたいのは、その〈結果〉であり、「また、やりたい！」「楽しかった！」という子どもの反応です。たとえば、私は、「○○めくり」であれば、カードを覚えてもらおうという意識が少ないせいか、めくったカードを子どもに読んでもらうことはほとんどありません。カードはリズミカルにどんどんめくってもらいます。その方が、よりゲームの楽しさが感じられるのではないかと思うからです。

ところが、別の先生は、子どもたちがカードをめくるたびに、そのカードに着目させたり、読ませたりされます。私はそれを見ていて、「もっとどんどんめくらせた方が楽しいと思うけどなあ。これじゃあ、子どもはめくるのがいやにならないかなあ」なんて思ったりするのですが、でも、実際はそうとばかりも言えない現実をたびたび見てきました。

たとえば、「カタカナめくり」だと、めくるたびに「カー」とか「ヤー」なんてうれしそうに言っている、「都道府県めくり」では、「群馬でたー！」「愛知でたー！」なんて言いながら、とっても楽しそうにめくってる、そんな子どもたちの姿を見てきました。

そういうことが、子どもの中で〈自然発生的〉に起きて、それを見た先生が「これはおもしろい！」と思って、そのようなやり方をされたのかもしれませんし、もしかしたら、先生自身が、少しでも〈楽しくしよう〉という目的でされたのかもしれません。あるいは、カードを〈覚えさせよう〉と思ってされたのかもしれません。

でも、動機はどうあれ、結果として子どもが楽しんでいるなら（しかも、声を出すことでカードがよりよく覚えられるかもしれません）、この事実を私の思いだけで否定することはできないと思うのです。

子どもの楽しさを第一に考えるあまり、このようなやり方で成果があがっていることを私は見逃しているのかもしれません。

どんなやり方にしろ、〈程度の問題〉は考えないといけないと思いますが、自分の思いだけでゲームを扱っていくと、カードゲームの持つ可能性を狭めてしまうような気もしています。

今後も〈楽しさ〉を主眼に置きつつ、カードゲームの持つ可能性を考えていきたいと思っています。

校長室からの呼び出しが消えた日

●仮説実験授業とめぐりあったころ

＊これは、二〇一一年1月29日に福知山で行われた「仮説実験授業入門講座」でのガイダンスの記録です。

●私たちに共通するもの

みなさん、おはようございます。舞鶴養護学校の淀井です。

今日はたくさんの方に参加していただき、ありがたく思っています。わざわざこのようなお休みの日に、参加費まで出して参加をされるみなさんは、それだけでもとってもすごいなあと思います。

実は僕もみなさんと同じように休みの日に仮説実験授業関係の研究会に参加することが多いんですが、なんでそういうことをするのかと言いますと、まず第一に、自分自身が楽しいからです。いくら大切な会だからといっても、自分が楽しく感じないと、長続きはしないものだと思っています。

そして、もう一つは、その楽しさの向こう側に子どもたちの笑顔が見えるからです。子どもといい関係をつくりたい、少しでもいい授業がしたい、「先生、たのしかったよ」「またこんな授業してね！」と子どもから言ってもらえるような授業をしたい、何よりも子どもたちの楽しそうな姿を見るのが大好き…と、私たちには共通する部分があるのではないかと思っています。

●たのしい授業とは

ところが、あんまりそのようには思わない人がいることも事実です。「授業を楽しくすると、子どもたちがだれてしまう」「そんなことしてると成長しない」「いやなことにも我慢することが大切」…と言うわけです。そして、授業規律を厳しくしたり、子どもを叱ったりする。それは、もちろん一理はあるでしょうし、その人の価値観もありますが、そのように言う人の中には〈本当のたのしい授業とはどんなものか〉ということを知らない人も多いのではないかと思うんですね。

ここで言う〈たのしい授業〉とは、冗談を言ったり話をおもしろおかしくしたりして、その場だけを楽しませるというものではありません。もしそういうものがたのしい授業だとするならば、僕だって「楽しいだけではだめだ」と言うかもしれない。

でも、私たちが考える〈たのしい授業〉とは、「学ぶことそれ自体が楽しいと感じられるもの」なんです。いろいろな知識や科学的な見方や考え方というものが感動を伴って身に付くものなんです。「勉強って本当にたのしいものだなあ」「科学ってすごいなあ」「自分もまんざら捨てたもんじゃないなあ」「あいつけっこうやるなあ」って、自分に対する自信や学ぶ意欲が身に付いたり、自分の良さや友だちの良さが分かったり、学級の雰囲気がやわらかくて明るくて仲良く、そして元気になったりする…そういうすべてのことが授業を通して実現していくようなものを、私たちは〈たのしい授業〉と簡単な言葉で呼んでいるわけです。

●ごく普通の教師が

でも、教師を長くやってると「そういうことは無理だ」ということがだんだん分かってくるんですね。多くの教師はそんなことは絵空事だ、現実問題としては不可能だと思っています。実際に、そういうのは、スーパー教師が超人的な努力をしてようやく実現できるか実現できないかの世界だと思うんですね。そして、私たちはスーパー教師ではありません。ごく普通の人間です。それに家庭だってありますし、仕事ばかりに時間もさけません。そんなごく普通の先生たちが、ほとんど努力しないで、楽しみながらそういうことが実現できる。これが〈仮説実験授業〉なんです。

これは、うそでもはったりでもなく、40~50年と証明され続けている事実です。実際、この場にも何人も〈生き証人〉がいらっしゃいますし、おこがましいですが、僕もそのうちの一人かもしれないと思っています。僕たちは〈仮説実験授業〉が楽しくて仕方ありません。楽しいことは人に教えたくなります。よく子どもが、楽しいことを経験すると誰かれなく、「ねえ、みてみて！」「ねえ、聞いて聞いて！」って言いますよね。それと同じ、こういう入門講座をするのも「ねえ、みてみて！」という感じなんです。ですから、問題は先ほど言ったようなことが可能なのか不可能なのかではなくて、〈仮説実験授業〉をするかしないかになるわけです。今日は、そんな仮説実験授業に入門していただき、ぜひ実際に学級でもやっていただき、自分自身で確かめてもらいたいと思っています。

●悲惨な教師生活のスタート

仮説実験授業を昔からやっている人は、仮説をする前は悲惨な教師生活を送ってきた人が結構多いようで（笑）、実は僕もそのひとりです。僕は、まかり間違って教師になったような人間でして、就職に失敗して東京でブラブラしていた時期があります。そして東京の生活に疲れて地元に帰るわけですが、そこでもまた親元でフラフラ…。これではいけない、でも今から就職できるところがあるかなあと。

長男ですし、親の面倒もみなければならない、ある程度安定した生活がしたい…。そこで、教師なら今からでもなれるかもしれないと思い、通信で小学校の免許を取ります。そうして何回目かの挑戦でやっと小学校の教師になるわけです。25歳の時でした。25歳にはなっていましたが、講師経験は全く無し。新卒そのものです。それに、なりたくてなった仕事でもありませんので、最初から意欲があるわけではない。おまけに人前で話をすることが苦手ときてますから、授業とか学級経営がうまくいくはずはないんですよね。

案の定、教師生活のスタートはもう悲惨なものでした。子どもたちはいつもそわそわザワザワして、うるさくて仕方がない。まったく授業にも集中しない。僕も、何の工夫もなく、ただ教科書をそのまま復唱しているようなものです。自分でも嫌になるくらいつまらない授業をしていて、当時よく「こんなつまらない授業に子どもたちは耐えているなあ」と思いながら授業をしていました。

当時、勤務していた学校に、スパルタ教育推進論者の校長先生がいました。体育会系の、とても怖い先生なんです。子どもたちはびしびし鍛えないといけない、わがままを許してはいけない、鍛えたら伸びるんだ、だから教師は子どもに甘い顔をしてはいけないというような先生です。その校長先生が、よく僕の授業を突然フラッと見に来るんです。まったく何の予告も無しに。そうして、昼休みとか放課後に校長室に呼ばれては、僕はお説教をされるわけです。

「子どもたちの授業態度がなってない」「授業規律ができていない」などと…。「あれは授業ではない」とまで言われることもありました。それを聞かされて、僕はすごく嫌な思いをするのですが、でも、一方では校長先生の言われることが当たってるような感じもして、よけいみじめな気持ちになるんです。そうだよなあ…、その通りだよなあ…って。だからよけいにつらかった。

でも、子どもはかわいいんです。こんなひどい授業をしている僕にでも、「先生、先生」って慕ってくれる。ああ、なんて子どもっていいもんだ、なんて純粋なんだと思いました。

そして、徐々に、そんな子どもに申し訳ないと思い始めます。悪いのは子どもじゃないんだ、すべて自分なんだと思うようになります。

今なら「自分は悪くない」と思いますよ（笑）、もちろん子どもも悪くない、「悪いのは教材だ」と思えるんですが（笑）。でも当時は、自分を責めまくっていました。何とかしなければと思いました。そして、僕は教育学部の出身ではなかったので、そういうコンプレックスもあり、「うまくいかないのは教育を勉強していないからだ。そうだ、教育を勉強しよう」と思い始めます。

●『たのしい授業』との出会い

そして、教育書を買い込んで読み始めます。国分一太郎とか斎藤喜博、林竹二、東井義雄、大村はま等々、いろいろ読んでは感激したり、自分の至らなさを思い知ったりします。でも、ではどうしたらいいのかということはあまり書いてない。書いてあったとしても、その通りやってもうまくいかないので、また別の教育書を買って読むという繰り返しです。

そんなときに出会ったのが、『たのしい授業』という小さな雑誌でした。これがその実物です。一九八三年10月号ですね。最初これを見たとき「変わった雑誌だなあ」と思いました。小さいし、小さい割には結構高いし、内容も教育書っぽくないし。しかも、その時の特集テーマが「ウソと教育」。「マコトを出すためのウソ」と書いてある。何だこりゃ?というわけです。そうして読んでいくと、「ウソと教育」をテーマに8人の人が座談会をされていて、その中の板倉聖宣《きよのぶ》という人の発言がとても刺激的で気になりました。

当時の僕は、自分が気になったところにアンダーラインを引いていますので、その部分を読んでみますね。

作文が書けないとか、絵が描けないというのは、字を知らないとか、筆が持てないということを別にすれば、「ウソをつきたくない」という潔癖さと関係があると思うな。だから「表現の自由を得るためのウソ」ということが問題になる。前からぼくは作文について関心があったんですけど、「事実を書く」ということはすごくむずかしいんだよ。たとえば「このお茶がおいしい」と書くでしょ。とたんに「ちょっと苦味があって、それほどおいしいというわけじゃない」という気になる。場合によっては「ただ〈おいしい〉だけじゃ不十分だ」ということもある。自分の認識したものを表現しようとすると、表現しきれないんですね。なにを言ってもウソになっちゃうんです。だから几帳面な人は絶対に書けなくなる。単純な事実だって同じことです。「7時に起きました」なんていうことはウソじゃないようだけど、厳密にいうと「7時1分前だった」とか「3分すぎだった」ということがあって、「それを7時と書いたらズルイ」と思う子がいたりする。そういうときのウソを、自分の気持ちの中でどう処理するかということが、文章表現をするときのコツだという気もするんです。「ホント」にこだわると書けない。

だから、「本当のことを書きなさい」というと、なかなか書けないですね。逆に「ウソのことを書きなさい」というとホントのことが書ける。「ウソの作文」の面白さは、そういうことだね。「ウソだ」ということで安心してホントの事実を書く場合もあるし、ホントの気持ち――ふだん抑圧している夢とかタブーを書くこともある。（『たのしい授業』一九八三年10月号、9～10ぺ）

こういう発想は当時の僕にとっては初めてのものでした。「おー、なんかすごいなあ」と思い、それ以来、僕はこの雑誌を毎月買うことにしました。これが僕と仮説実験授業をつなぐきっかけでした。

●そして、授業書を始める

そうこうするうちに、『たのしい授業』の記事の中に〈授業書〉という言葉が出てきて、気になり始めます。《ものとその重さ》とか《ふりこと振動》《花と実》《足はなんぼん?》等々いろいろあって、それが、「ウソの作文」の記事を書いた板倉聖宣という人が作った授業のテキストだということが分かりました。当時授業に困っていた僕はそれに飛びつきます。こんなにおもしろい記事を書くユニークな人が作られた授業のテキストならきっとおもしろいに違いないと。僕でも楽しい授業ができるかもしれないと。

そして、仮説社に電話して、授業書を取り寄せることになります。「最初はどんな授業書がいいのかなあ?」と思いました。今はかなり授業書の量も増えてきていますが、当時でも結構な量のいろいろな授業書が出ていました。どれをしたらいいのか分からなくて、とりあえず僕は《足はなんぼん?》を選びました。というのも、当時僕は4年生を担任していて、理科の単元に「こん虫」というのがあったからなんです。「こん虫」の単元を、この《足はなんぼん?》というテキストでやってみようと思ったんです。そして、仮説社に電話をして「《足はなんぼん?》を送ってください」と言うと、電話にでた人が「どうもこの人は初めての人だな」と思ったみたいで、僕に「授業書は今までにされたことがありますか?」と聞かれるんです。「いいえ、はじめてなんです」と言うと、電話の人は「そうしたら、授業運営法はご存じですか?」と言われる。「いえ、それも知りません」と答えると、続けて『『仮説実験授業のＡＢＣ』(仮説社)という本があって、その本に授業のやり方が書いてありますから、それも一緒に購入されてはどうですか?」と言われる。「はい、ぜひそれもお願いします」と言って、数日後、《足はなんぼん？》の授業書と『ABC』の本が届くわけです。

『ABC』の本は全部読んだ方がよかったんですが、とにかく早く授業がしたくてたまらないので、僕は最初の10ページくらいの「授業運営法」のところだけ読んで、《足はなんぼん？》を始めるんです。そうして、僕の仮説実験授業のデビューの日がやってきます。実は僕の仮説実験授業のデビューはなんと参観日なんです。今から思うとなんと大胆な…と思いますが、当時の僕は、どっちにしろ親の前で下手な授業をしてしまうんだから、授業書でうまくいけばもうけものという気持ちでした。そうして、プリントを手に、ドキドキしながら教室に向かったことを思い出します。

教室に入ると、いつものようにざわざわした子どもたちと保護者の姿がありました。僕はプリントを配り始めます。そして、《足はなんぼん？》を始めるんですが、まず驚いたのが、子どもたちの食いつきがそれまでの授業とまったく違うということでした。仮説実験授業は、「子どもの反応はパッと見ただけでは分からないので、感想文を書いてもらうことが大切ですよ」と言うんですが、でも、この時ばかりは、子どもたちの反応の良さを肌で感じるんです。「おおー、やっぱりこの授業はすごかったんだなあ」と思って、親がいることも忘れて夢中で授業をします。で、忘れもしない、その時です。例の、スパルタ校長が教室に入ってくるんです。ちょうど「アリの絵」を描いているところでした。僕は2つの意味でドキドキします。

ひとつは、教科書を使わずに、プリントだけで授業をしているということです。これを校長にどう思われるのかと。もうひとつは、今の、この子どもたちの様子を見て、校長はどう思うのかということです。みんな真剣にアリの絵を描いているんです。今までに見たことのない集中力を見せています。それで、僕は校長先生の様子が気になり、授業をしながらチラチラと見るわけです。すると校長先生、これまでに見たことのないおだやかな表情で、しかも時々ニコニコ笑いながら授業を見ているんです。それまでずっと苦虫をかみつぶしたような顔で授業を見ていた校長先生が、初めて僕の授業を見て笑ってくれた。いったいどんな気持ちなんだろう？　参観日だから〈営業スマイル〉なのか？……いろいろな思いが僕の中に去来します。そして、「この授業に対して、校長先生はどんな感想を言ってくれるんだろう？」と。この時だけは、僕は校長室に呼ばれることをドキドキわくわくして待ちました。

期待と不安の入り交じった気持ちでしたが、楽しみでもありました。ところが、なぜかその日は、いつまでたっても呼び出しがないんですね。「参観日だったので忙しかったのかな？」と思ったんですが、その次の日も、またその次の日も、その後何日待っても呼び出しはありません。そして呼び出しがないまま、今日に至っています（笑）。今となっては校長先生にどう思われていたのかわかりませんが、でも僕は、その時初めて校長先生との間で卑屈な思いをしなくてもよい自分を感じました。

そうして、《足はなんぼん？》が終わり、次に僕は《溶解》を始めます。《溶解》を選んだ理由も、次の単元が「ものの溶け方」だったからに過ぎません。で、これまた、《溶解》が楽しくてたまらないんですね。授業をしながら自分が感動するわけです。子どもたちの変容ぶりにも感動するんですが、「へえー！　ものが溶けるってこういうことか」とかいうように、授業内容に自分自身が感動するんです。

それに、子どもたちの認識の仕方がすごいとか、討論が起こったとか、いろいろなことに感動するわけです。そして忘れられない、今も印象的なエピソードがあります。《溶解》が全部終わった時のことです。教科書も一応はやっておかなければいけないと思って「ものの溶け方」のところを子どもと一緒にパラパラと見ていくんですが、そうすると、教科書の内容というのは《溶解》で習ったことばかりなんですね。「なんだ、こんなの。全部わかりきったことやんか。《溶解》で全部やったやん」と。でも一応教科書なんで教えないと…と思って教える。すると、そのときK君というやんちゃな男の子が、大きな声で、「あたりまえ～」と言うんです。そしたら、それを聞いてみんながどっと笑うんです。この時に僕はものすごく子どもと一体感を感じたんですね。

どっと笑った子どもたちの気持ちがはっきりとわかったんです。普通ならK君の言い方がおもしろいから笑ったんだと思ってしまいますが、その時は、「この笑いはそういうこととは違う」というのが本当によく分かったんです。つまり、僕も子どもたちも、教科書に書いてあるようなことは、本当に「当たり前」としか言いようのないものに思えたんです。《溶解》を最後までやった者の実感と言いますか、そういう経験をした者同士の共通の感覚と言いますか、そういうものを感じたんです。そこで僕も、「そうだねえ、当たり前だねえ」と笑いながら次のページをめくってまた次の説明をします。すると今度は、K君だけじゃなくて、多くの男の子がいっしょに「あたりまえ～」と言う。またどっと笑う。また、次のページを説明する。今度はほとんど全員で「あたりまえ～」と合唱する。本当に「なんかおもしろいなあ～」「仮説ってすごいなあ～」と思いながら、教科書をすいすいと終えた記憶があります。こうやって僕は仮説実験授業にのめり込み、たのしい教師生活がスタートしました。

●仮説実験授業に必要なものとは

仮説実験授業のことを人に伝えるとき、僕はいつももどかしさを感じます。なぜなら、仮説実験授業の良さはどう頑張ってもことばで伝えることはできないからです。やはり体験です。この後、体験講座で実際に仮説実験授業というものを体験してもらいますので、どうかぜひ自分自身で味わってみてください。ここでは、仮説実験授業をするときに必要なものを言いたいと思います。

まず一つ目は、〈子どもたちと少しでも楽しい授業をしたい〉、〈いい関係を作りたい〉という気持ちです。そして、これがあるからこそ、みなさんはここに集まってこられた。ですから、みなさんはこの一つ目の条件は十分にクリアーしておられると言えます。

二つ目は、〈授業書をお金を出して買う〉ということです。授業書なんて何万円もしません。ほとんどが千円から二千円の間で買えます。そして、簡単に授業運営法も学んでおくほうがいいです。今日の講座でも学べますが、『仮説実験授業のＡＢＣ』のような本を読むとか、そういうことをしておいた方がよいと思います。

そして最後に、印刷室で〈授業書を印刷する〉ということです。これが人によっては意外に高いハードルになることがあります。印刷室で何を印刷しているのか他の先生に見られたらどうしようとか、教科書にないことを教えることについて躊躇してしまったりとか、いよいよという段階になって一歩踏み出せない人もいると聞きます。

●優先順位というもの

そこで、今から話したいのは〈優先順位〉ということです。何が自分にとって一番大切なものか、何が優先順位の一番かというようなことについても、僕は板倉先生はじめ、仮説の研究会から学びました。同僚との関係が一番なのか、管理職の目か、はたまた保護者なのか…、その時々で変わるとは思うんですが、やはり「優先順位の一番は、いつも子どもたちだ」と思うんです。

子どもを大切にしたい、子どもにとっていい授業をしたいということをいつも優先順位の一番にする。まあ、その前に〈自分〉を大切にするというものがあると思いますがね。そういうものが一番に来て、その次は僕の場合は保護者です。そして、次に同僚、最後に管理職…。これも時と場合によって順位は多少変動すると思いますが、だいたいこの順番であるような気がしています。ですから、一番大切な子どもたちのために、今何をすることが必要なのか、自分は何をしたいのかと考える。

そうして僕は今まで仮説実験授業をしてきたし、それでとやかく言われることはありませんでした。でも、挑発的にするのではなく、かしこく上手にするということは大切だと思います。たとえば、かくれてこっそりするとか、あるいは、学年の先生に「こういうのをしますが、よかったらプリント余分に印刷しましょうか?」と逆に自分から呼びかけて安心させるとか、いろいろな方法があると思います。優先順位の一番だからといって、正義感のかたまりみたいになって、これが唯一絶対だというようになると、いろいろな衝突が起こりやすくなります。そんなところでエネルギーを使ってしまうと損です。あくまでかしこく上手に、ときにはずるくやる。一番大切なのは、とにかく〈実施をする〉ということだから。実施しやすい環境を自分で工夫するということです。

●無理はしない

そうはいっても、人によってはいろいろな事情があると思います。どうしても仮説実験授業をすることは自分にとってかなり難しい状況であると。そのことでかえって自分の教師生活が苦しくなったり、楽しくなくなったりすると。そういうときは無理をしないことも大切だと思います。心のどこかにとめておいて、いつかはしてやろうと、スキをうかがっておいた方がいいかもしれないですね。そんな場合は、したくてもできないという欲求を解消したり、テンションが下がってしまわないようにすることが大切です。

たとえば、仮説をやっている人の話を聞いたり、こういう講座に出たり、サークルに参加したりするといいと思います。そうしていつかはやりたいなと、様子をうかがっておく。そしたら必ずできるようになります。そういう人もたくさんいるみたいですね。それに、仮説実験授業というのは、授業だけでなく、子どもとの関わり方なんかについても非常に勉強になります。実際、サークルなどには、授業はできない立場の養護の先生とか、退職して何年も経つ人も来ておられます。でも、多少の無理はした方がいいと思います。子どもたちは絶対に喜びますからね。そんな子どもの様子を見て親が喜ぶ。子どもに喜んでもらえ、親に感謝され、その上自分も楽しい、おまけに給料までもらえる（笑）。なんて教師っていい仕事なんでしょう。最近全く給料が増えませんので、せめてそれくらいの楽しみがないとねえ（笑）。僕は悲惨な教師生活のスタートを切りましたが、今は本当に教師をやってよかったなあと思っています。幸せだなあって心から思っています。

●授業の評価は子どもがする

最後に、〈いい授業とはどういうものか〉ということをお話しして僕のお話を終わりたいと思います。いい授業かそうでないか、これは教師ではなく子どもが決めるんです。こういうことも、僕は仮説実験授業から学びました。

仮説実験授業では、授業が終わったら子どもたちに感想文を書いてもらいます。そうすると、子どもって実に豊かなことを思っていたんだな、いろいろなことを考えていたんだなとわかります。感想を書いてもらうと同時に、授業の5段階評価もしてもらう。5が「とても楽しかった」、4は「楽しかった」、3は「たのしくも、つまらなくもない（どちらとも言えない）」、2は「つまらなかった」、そして1が「とてもつまらなかった」です。もしも、仮説実験授業が子どもから評価をされなかったら、板倉先生は「すぐに仮説実験授業はやめてください」と言っておられます。

あくまで子どもがすべてなんです。授業の主体は子どもなんです。こういうことが仮説実験授業は徹底しています。

それから仮説実験授業というのは、科学であって、魔法ではないんですね。魔法のように、たちどころに子どもたちが変わっていくと…。

仮説実験授業を続けていけば確実に変わっていくと思うんですが、でも仮説をして子どもを変えてやろうという下心があるとうまくいかないことが多いです。それよりも、子どもと楽しみたい、少しでも楽しくいい経験をさせてやりたいと思う方がいいんです。そのクラスにはクラスの歴史があります。先生の個性が反映されて、学級の雰囲気というものがつくられています。そういう個性とか雰囲気というものは、なかなかすぐには変わらないものです。もしかしたら討論が起きないかもしれない。あるいは、すごくにぎやかになるかもしれない。それは当然で、子どもたちは楽しいからついつい喋ってしまう。脳が活性化している証拠なんですね。でも、討論を期待したり、静かに集中した授業を期待していたらそうではなかったと、だからダメだと、そう思わないでください。討論がなくても、逆ににぎやかすぎても、子どもにその授業の感想を書いてもらったら、いい評価がもらえることがとても多いです。

教師って、「こういう授業がいい授業だ」という勝手な思いこみで、その授業を評価してしまうことが多いんです。でも、くり返しますが、授業の評価は子どもがするんです。いくら自分の理想の姿じゃなくても、仮説実験授業は子どもにとって楽しい授業、いい授業になっていくんです。

最後に、僕が以前担任した子どもたちの感想文を読ませてもらいますね。

☆ぼくはこの勉強をしてよかったと思います。それは自分の思っている意見がちがっていて自分のちがうと思う答えがあっているというところがおもしろかったです。ぼくはこの勉強は教科書の勉強をするよりもプリントの勉強のほうがいい勉強になったと思います。この勉強のおもしろいところは意見を言い合いとつぶしあいがおもしろかったです。これからもこういう勉強がしたいです。（《背骨のある動物たち》の感想、6年・K君）

☆私はこの勉強をして「何でもしすぎるというのはよくない」と感じました。なぜかというと、綱吉は生き物を大切にしようとする気持ちが強すぎて、反対に動物の心が見えなくなってしまったからです。綱吉のしたことは、結果的に動物を苦しませることになってしまいました。また、人間の生活に悪いえいきょうもあたえました。でも、だからといって、この人が悪い人だとはいえません。生き物を大切にしようという心はとても大事だと思います。そして、少なくとも、町人たちの役に立つこともしました。だから、この人は、悪い人とも善い人ともいえないと思います。（《生類憐みの令》の感想、6年・M子さん）

☆予想勉強を初めてやった。これで終わるのがもったいないくらいだ。これからもこんなに楽しい授業をしてください！！（《空気と水》の感想、6年・S君）

☆この勉強をして、地球はとっても大きいと思いました。でも第2部、第3部を勉強していくにつれて「地球はこんなちっぽけなものだったんだな」と思うようになりました。でも星は宇宙空間の中にあります。その宇宙は、どれくらいの大きさなのか知りたいです。大きいという言葉ははてしなく続いていって考えられない大きさになる。でもその大きさと対りつできるのが「宇宙」なのだと思う。　　　　（《宇宙への道》の感想、6年・Y子さん）

実は、「こんな楽しい授業がこれで終わるなんてもったいない」と書いた子と、《宇宙への道》のステキな感想文を書いた子は、どちらも小学校の先生になっています。そして、2人ともこの会場にいるんです（「おおー!」）。紹介します。S君とY子さんです。今からS君とY子さんに、仮説実験授業を受けた立場で少し話をしてもらいたいと思いますので、どうぞよろしくお願いします。

S君「小学校6年生の時は本当に楽しかったんです。授業の内容とか細かいところは忘れているんですが、とても楽しかったことは覚えています。毎日笑っていたように思います。当時は仮説実験授業のことを「プリント授業」と呼んでいました。僕たちはプリント授業が大好きで、次はどんな内容の授業をしてくれるんだろうと、わくわくしていました。その授業ではヒーローが出現したり、笑ったり驚いたりしながら気が付いたらみんな仲良くなっていました。先生になった今、クラスの子どもたちにも僕が淀井先生のクラスで楽しく過ごせたようにやりたいと思っています。淀井先生と出会えて、そして仮説実験授業と出会えてとても幸せでした」

Yさん「淀井先生のおかげで、責任を持てるようになったと思います。私はみんなの前で発表できないということが悩みだったのですが、仮説実験授業では予想に○をつけて手を挙げられるので、それだけでも自分が主張できたと思えて嬉しかったんです。そして自分の責任が果たせたとか、自分の意見に責任を持てるとか、そういう感覚が身についていきました。さっき、ウソの作文の話を淀井先生がしておられましたが、私は作文を書くのも苦手だったんです。でも、淀井先生はどんなことを書いてもいつも笑ってくださっていたんです。少しくらい文章がおかしくてもそれを注意するのではなくて、内容を喜んでくださっていたんです。それがとても嬉しかったのを覚えています。何かいつも笑っていたような記憶があります」

実は2人とは事前の打ち合わせはまったくなかったので、〈どんな話をしてくれるんだろう？〉と期待と不安におびえていました(笑)。ですから、こんなにもうれしい話をしてもらえるとは思ってもみなかったので、本当にうれしくて、今、心から感動しています。本当に教師をやってよかった、仮説実験授業をやってよかったと思っています。これで僕の話を終わらせてもらいます。最後まで聞いていただきまして、本当にありがとうございました。（拍手）

～おわりに～

実は今回のガイダンスにはちょっとした〈サプライズ〉を用意しました。僕の教え子が2人参加していたのです。それを最後までみなさんには黙っていて，上記のような演出をしたわけです。

でも，これは2人の教え子にとっても，サプライズだったようです。なぜなら，僕が彼らの子どもの頃の感想文を読むというのは2人には内緒にしていましたし，読んだ後も，それが自分の感想文だということに2人は気づいていなかったからです。ですから，僕が読んだ感想文が自分が書いたものだと分かったときは，2人とも大いに驚いていました。

さらに，教え子たちは，僕に対して，とってもうれしい言葉を贈ってくれました。これは僕にとってのうれしいサプライズ。彼らのステキな，うれしい話は最高の贈り物でした。

あとがき

淀井　泉

以前、私が所属する丹後仮説サークルで、仮説実験授業を草創期からやっておられる大先輩・中田好則さんが、次のようなことを言われました。

「教材を使うのは消費活動。作るのは生産活動。どっちも大事だけど、まずは消費をすること。いいものをどんどん消費していくことが大事」と――これを聞いて、心から共感・納得しました。

学校現場を見渡すと、なぜかわたしたちは「生産」に価値を置きがちで、「消費」することに対して、なんとなく〈後ろめたい〉気持ちを持つことが多いようです。でも、子どもにしてみたら、誰が生産したかなんて関係のないことです。誰もが「おいしい料理を食べたい」ように、子どもは一時間でも多く、「たのしい授業を受けたい」のです。

ですから、私たち教師の役目は、「たのしい授業」の財産をどんどん使っていくこと、つまり、子どもたちに「たのしい授業」をしてあげることでしょう。

自分の教師生活を振り返ってみると、仮説実験授業は言うに及ばず、これまでずいぶん「たのしい授業」の財産を使ってきたんだなあと思います。今回のカードゲームの背景にも、私自身のそのような〈消費活動〉の歴史がたくさん含まれています。そして、それらの経験がたっぷりあったからこそ、カードゲームのような「生産」も、多少なりともできたのではないかと思っています。

ここで、本書で紹介したカードゲームが実際にどのように受け入れられたのか、使ってくださった方々の声を紹介したいと思います。

●「○○めくり」と「足算」はクラスで大好評です。「足算」では、10の補数が苦手だった子が、偶数は完全に覚えました。また、魚の足0カードを先に取れば、枚数が増えるとか、10のカードはうれしいけど枚数が少ないとか気づいた子もいて、私が子どもたちに「すごい!!」と心から言えることが、いろいろあってうれしいゲームです。楽しい教材をありがとうございます。（安藤真紀子さん・支援学校）

●「配膳式カルタ」を実際にしていたときに、「先生、私の札がまだ読まれません」と言った子がいました。しかし、その後連続で札を取って、とても嬉しそうにしていました。普通のカルタであればなかなか取れないような子も、「取る楽しさ」を味わうことができていました。私自身、子どもの意欲を引き出せずにおり、どうしたらいいかと悩んでいたので、少しスッキリしました。（米谷恵さん・小学校）

●淀井さんの開発されるゲームは、とってもたのしいものばかりで驚きました。最初にやったのは「国旗めくり」。予想通り、2歳の娘でも参加できて、しかも、夢中になってやってました（すごい!）。息子の提案で「余ったカードは一番少ない人にあげる」というルールでやったら、最後のカードも無駄にならないで、いい感じでした（「ラスト賞」みたいな逆転もあっておもしろい）。ペアになってグループ勝負をしたりするのもたのしかったです。

基本のルールを中心に、いろいろ工夫して楽しめてしまう幅もあって、本当によくできているなぁ!と感心しました。やったー!おもしろい!朝やって、昼やって、夜やって…。何回やっても飽きずにできてしまう、この魅力、本物です。そして、その成果も見られました。秋休みなので、昼間は公園に遊びに行くのですが、そこにある「揺れる船」の遊具で遊んでいたときのこと「今度はお父さんが船長やってよ」と言うので、子どものマネをして「お客さん、どこまで行きますか~?」と遊んでいたら、「セーシェルまで」と息子が言うのでビックリ。「セーシェルってどこにあるか知ってるの?」と聞くと、「うん。たぶん虹の国!」というので、「なるほど~、そうかも」と笑ってしまいました。スゴイ影響力です。（峯岸昌弘・小学校）

●今日大学院のケースで関わっている子どもたちのクリスマス会がありました。

何のゲームをして良いのかアイデアが浮かびませんでしたが、江口誠さん（支援学校）に「かるたdeビンゴ」

を紹介してもらいました。今日実施したのですが、中1のアスペルガーの弟君（小2）がお兄ちゃんたちを差し置いて一番にあがることができニコニコ顔でした。

彼とは直接的に関わることが少ないのですが、お兄ちゃんたちと一緒のゲーム活動で負ける場面を多く見ていたので、今日のニコニコ顔は非常に嬉しかったです。（入江隆文さん・支援学校）

●私の支援学級（小・知的）の教室。戸棚には、「足算」や「〇〇めくり」シリーズのカードがジップロック（冷凍保存用のポリ袋）に入れてしまってあります。「配膳式かるた」に使う各種カルタや、「かるたdeビンゴ」用のラミネートしたゲーム盤も常備してあります。2年生から6年生までの実態が大きく異なる6人の子どもたちが相手なので、普段の「国語・算数」の時間は「それぞれの課題」を進めることが基本です。しかし、そうした時間は日に2時間を越えると子どもたちにはとてもキツイので、種々のカードゲームを活用しています。「今、この子たちにフツーの国語や算数を押しつけても、受け入れないだろうな」という予測は、30年近くこの仕事を続けていると大概つくようになります。そんなとき、いくつかの手軽に出来る「楽しい授業のための選択肢」を持っている自分は、つくづく幸せだと思うのです

なかでも「〇〇めくり」はとくに好評で、ちょっと助けてあげれば、多様な実態の子どもたちも一緒にたのしめます。ここに、「〇〇めくり」という確かなモノがあることのかけがえの無さを私は、ただただ、ありがたく思うのです。アンラッキーカードをめくって「ぎゃー」「わははは」と大騒ぎする子どもたちをみていると、「やっぱり、無理して国算をしなくて正解だったな」といつも思います。私は、「ほんとは国算の授業がしたいけど、仕方が無いからカードゲームをしている」という思いでいるわけでは決してないのです。この子たちとこうした楽しい授業ができること自体をとにかく嬉しく思っているのです。こういう時間はなくてはならない時間だと思っています。（藤沢千之さん・小学校）

●「歴史めくり」生徒さんの感想もとてもよくて、中には、とてもわんぱくで大変な子や私によくおこられている子もいい評価と感想を書いてくれているので、

一部紹介します。

・このカルタは、あそびながら勉強できるので楽しかったし、すごくためになりました。

・このあそび？はとてもたのしかったからまい日やりたいです。年などもわかったのでよかったです。

・楽しかったし、しぜんにその人物の名前をれんぱつしてた。またしたいなあ〜。

　子どもたちの感想に私自身が感動しています。（嘉数千賀子さん・中学校）

　たくさんの教師や子どもたちがこの本で紹介したカードゲームを楽しんでくれて、とてもうれしく思っています。

　ところで、仮説実験授業を提唱された板倉聖宣先生は、『仮説実験授業の考え方』（仮説社）の中で次のように述べておられます。

　教師としては何よりも子どもたちが好きで、「子どもたちとたのしい授業ができる教師がいい教師だ」と思うのです。そのためには必ずしも自分で教材を開発する必要はありません。教材の細部について知っているよりも、子どもたちの願いや考え方を知っていることの方が大切なのです。そしていつも、「この子どもたちに教えるに値するものは何か」ということをもとに、他人が開発したものでもよいから、優れた教材を自分で選択できる能力が一番大切なのです。授業中の子どもたちと教師自身の楽しさを何よりも先行させる教師が、教師として最も優れていると思うのです。

　今後も私は、板倉先生が言われるような、「子どもたちと教師自身の楽しさを何より先行させる」教師であり続けたいと思います。

　最後に、本書の出版にあたり、丹後仮説サークル、近畿たのしい障害児教育研究会の皆様をはじめ、多くの方々の支えがありましたこと、お一人お一人のお名前は挙げられませんが、この場をお借りしてお礼申し上げます。

　本書が数ある「たのしい授業」のひとつとして、多くの方に選択していただけるといいなあと願っています。

〔初出一覧〕

〇〇めくり　『たのしい授業』二〇〇九年10月号

足算　『たのしい授業』二〇一〇年11月号

かるたdeビンゴ　『たのしい授業』二〇一二年4月号

カルタを革新するゲームの出現（原題＝「配膳式かるた」というゲーム）

『たのしい授業』二〇一五年11月号

カードとカードゲーム　書き下ろし

校長室からの呼び出しが消えた日　『たのしい授業』二〇一三年10月号

著者紹介

淀井《よどい》　泉《いずみ》

1957年　京都府綾部市生まれ。

1982年　小学校教師として初めて教壇に立つ。

1983年　仮説実験授業に出会い，以来22年間，小学校の通常学級を担任。

2005年　「ことばの教室」（通級指導教室）担当になり，特別支援教育に関わるようになる。

2010年　支援学校に転出。地域支援コーディネーターとして主に教育相談に従事。

仮説実験授業研究会会員。著書に『淀井泉の読み書き授業』（原優里乃編，私家版），『カルタで授業』（私家版）がある。カードゲーム「足算」（絵・中村隆，仮説社）の原案も手がけている。

カードゲームでたのしい授業

2016年12月15日　初版発行（1300部）

著者　淀井　泉

発行　株式会社 仮説社

170-0002 東京都豊島区巣鴨1-14-5-3F

電話 03-6902-2121　FAX 03-6902-2125

www.kasetu.co.jp　mail@kasetu.co.jp

装丁　渡辺次郎

印刷・製本　平河工業社

用紙　（表紙：モデラトーンシルキー四六Y135kg／本文：モンテルキア菊T41.5kg）

Printed in Japan　ISBN 978-4-7735-0277-0 C0337

いじめられるということ　やまねこブックレット教育篇①

小原茂巳 著　自身の「いじめ」体験といじめられていた子との関係から，学校でのいじめ問題を考え直す。子どもと教師がいい関係なら「いじめ」は陰湿にならない。では「いい関係」をつくるには？　教師の立場からのユニークな「いじめ」対策も提案。　Ａ５判80ぺ　**本体800円**

あきらめの教育学　やまねこブックレット教育篇②

板倉聖宣／小原茂巳／中　一夫 編　「教育学」というのはもともと理想主義的な傾向が強くて,「断固理想を貫き通す」というようなことばかりが言われる。けれども，実はどんな人でもいろんなことをあきらめてる。「あきらめることで人間は人間になってきた」のではないか？　あきらめることを視野に入れて，教育学を根本的に考え直そう！　Ａ５判80ぺ　**本体800円**

国語の授業　きく・はなす・よむ・かく　やまねこブックレット教育篇③

山本正次　著／松口一巳 編　長年，国語科「よみかた」授業の研究を続けてきた著者による，やる気さえあれば誰にでもまねのできる国語の授業。明快でシンプルな提案はすぐに役立つ！「きく・はなす・よむ・かく」という国語の基本をどう教えるかを，わかりやすくとく。すきなところがありますか／感動から出発する国語の授業／話しあうことのたのしさをもとめて／誰にでもできる作文指導／「授業」への提言　Ａ５判80ぺ　**本体700円**

熱はどこにたくわえられるか　やまねこブックレット教育篇④

板倉聖宣／犬塚清和／大黒美和 著　1700年代に表面化した「熱をよく蓄えられるのは，重いものか，それともかさのあるものか」という論争は，熱の本質に迫る大問題でした。本書は，そうした科学史上の論争をふまえ，コインを使った簡単な実験と問題で，子どもたちが〈熱の本質〉を楽しく学べるテキスト（＝授業書）と授業の記録（小学５年）を収録。　Ａ５判80ぺ　**本体800円**

仮説実験授業のABC　第５版

板倉聖宣 著　初めて仮説実験授業をやってみようという人でも困らないように，仮説実験授業の考え方から授業の進め方，評価論，さらにどんな授業書があるか，参考文献，入手方法などをまとめた基本の１冊。すでに仮説実験授業を知っている人にも十分役立つガイドブック。授業の進め方入門（藤森行人）も収録。　Ａ５判176ぺ　**本体1800円**

たのしくドリル・マッキーノ

「たのしい授業」編集委員会 編　暗記やドリルをばかにしては,「学ぶたのしさ」が半減してしまいます。それなのに，ドリル・暗記について堂々と論じ，その具体的な方法を紹介しているものがほとんどない。――ということで本書の出番となりました。マッキーノとはビンゴゲームの要領で暗記をしてしまうという，驚異のドリル学習法です。ほかにも各種ドリルのプラン・実践が満載。すべて実践して評価されたものばかりです。　Ｂ６判232ぺ　**本体1600円**

■仮説社の本

望遠鏡で見た星空の大発見 やまねこブックレット❶

ガリレオ・ガリレイ 原著／板倉聖宣 訳 17世紀……発明されたばかりの「遠くのものが見える装置＝望遠鏡」で星空を観察したガリレオは，当時の人々の常識，そして世界観までもひっくり返す数々の発見を成し遂げた。今も読み継がれる科学啓蒙書の原点であり，「地動説」を決定づけることになった名著が，読みやすいブックレット版で登場。 A５判72ペ **本体800円**

コペンハーゲン精神 自由な研究組織の歴史 やまねこブックレット❷

小野健司 著 量子力学の黎明期，ニールス・ボーアが所長を務めるコペンハーゲンの理論物理学研究所では，自由な雰囲気の中での激しい討論が日常的に行われていた。その研究所の自由を支える精神を，人は〈コペンハーゲン精神〉と呼んだ。「組織が創造的であるためには何が必要なのか」――それを知るためのヒントがここにある！ A５判72ペ **本体800円**

脚気の歴史 日本人の創造性をめぐる闘い やまねこブックレット❸

板倉聖宣 著 明治維新後，日本は積極的に欧米の文化を模倣してきた。だが，欧米には存在しない米食地帯に固有の奇病「脚気」だけは，日本の科学者が自らの創造性を発揮して解決しなければならなかった。しかし……。日清戦争・日露戦争の二つの戦争の裏で行われていた，科学者たちのもうひとつの闘い。『模倣の時代』の簡約版。 A５判80ペ **本体800円**

裁かれた進化論 やまねこブックレット❹

中野五郎 著 1920年代，アメリカのテネシー州で「進化論」を教えることを禁じる法律が施行された。この法律は，科学者とキリスト教原理主義者との間で激しい論争を巻き起こし，アメリカのみならず全世界の注目をあびることになった。アメリカを中心に今も続く「進化論」と「創造論」の戦いの火ぶたは，こうして切って落とされた。解説・清水龍郎。 A５判48ペ **本体700円**

生命と燃焼の科学史 やまねこブックレット❺

筑波常治・大沼正則 著 「生命の自然発生説」と，「フロギストン説」は，長い間信じられてきた。ではこの２つの説が間違いであることは，どのように明らかにされたのか？ そこには，失敗を恐れずに真実を１つ１つ積み重ねてきた科学者たちの挑戦の歴史があった。A５判72ペ **本体800円**

災害と人間 地震・津波・台風・火災の科学と教育 やまねこブックレット❻

寺田寅彦 著 地震・津波・台風・火災……海に囲まれた島国日本に次々とやってくる数々の災害。大きな被害をもたらす災害と，人間はどのように向き合えば良いのか。戦前の優れた物理学者であり文学者でもあった寺田寅彦が科学の目を通してユーモア豊かに語る，災害との付き合い方，巻末には物理学者・中谷宇吉郎による小編と，板倉聖宣による解説も収録。掲載論文＝津波と人間／天災と国防／函館の大火について／災難雑考／流言蜚語／断水の日。 A５判80ペ **本体800円**

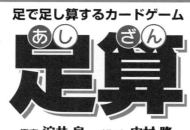

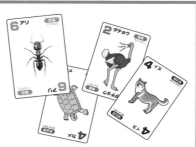